Schriften der Landesbibliothek Oldenburg

Hrsg. von Corinna Roeder

62

LANDESBIBLIOTHEK
OLDENBURG

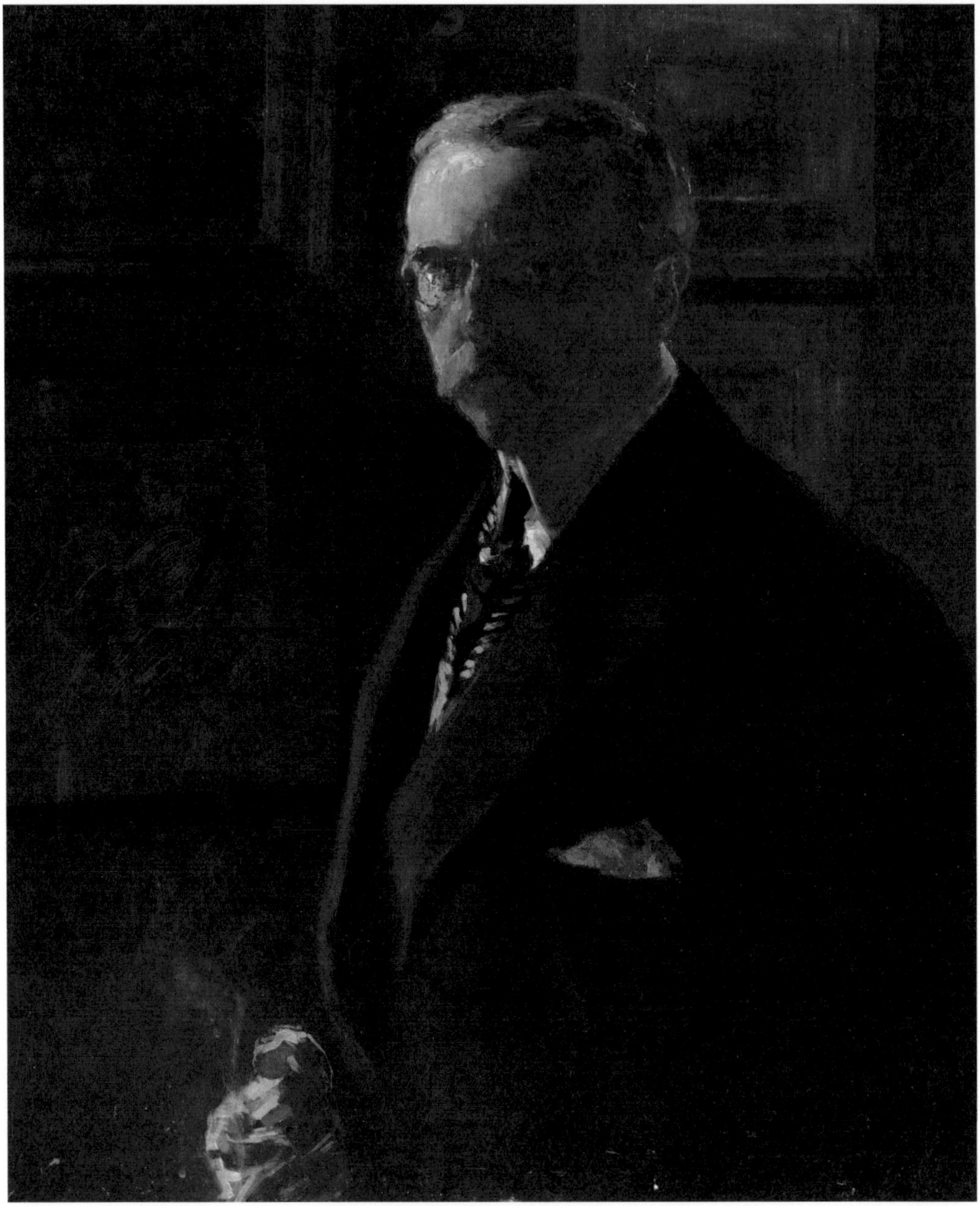

Georges Victor-Hugo: Selbstporträt, 1914: Öl auf Leinwand

Autoportrait, 1914 : huile sur toile, Guernsey Museums and Galleries

Jörg W. Rademacher

Im Westen nichts Neues?
À l'Ouest, rien de nouveau?

Die unbekannten Zeichnungen von
Georges Victor-Hugo
Sur le Front de Champagne (1915/1916)

Les dessins méconnus de
Georges Victor-Hugo
Sur le Front de Champagne (1915/1916)

ELSINOR VERLAG

Elsinor Verlag

Die Landesbibliothek Oldenburg dankt allen Kooperationspartnern und Förderern für die engagierte Unterstützung:

Alle Abbildungen, soweit nicht anders angegeben, aus Georges Victor-Hugo: *Sur le Front de Champagne* (Paris 1917) mit freundlicher Genehmigung der Universitäts- und Landesbibliothek Münster

Sonstige Abbildungen: Seite 11/67 – Maison de Victor Hugo, Paris. akg images. Seite 12/73 – Musée du Louvre, Paris. bpk – Bildagentur für Kunst, Kultur und Geschichte. Seite 13/68 – Bayerische Staatsbibliothek München. Seite 2/45 – Courtesy of Guernsey Museums & Galleries (States of Guernsey). Seite 61 – Musée du Louvre, Paris. bpk – Bildagentur für Kunst, Kultur und Geschichte. Seite 15/71 und Seite 62 mit freundlicher Genehmigung der beiden genannten Künstler.

Umschlaggestaltung von Oliver Storz, Ernst Klett Verlag

Bibliografische Information der Deutschen Nationalbibliothek
Die Deutsche Nationalbibliothek verzeichnet diese Publikation in der Deutschen Nationalbibliografie; detaillierte bibliografische Daten sind im Internet über www.dnb.de abrufbar.

Satz
Elsinor Verlag, Coesfeld
3. verbesserte und ergänzte Auflage 2019
Printed in Germany
ISBN 978-3-939483-35-9

INHALT / TABLE

Vorwort 7

Persönliche Motivation 8

Victor Hugo: *Der Andere* 9

Biographie Georges Victor-Hugos:
Im Schatten des Großvaters: Nach dem Krieg
von 1870/71 (1868–1914) 10

Das Werk vor dem Krieg:
Schriftsteller und Maler (1868–1914) 13

Während des «Großen Krieges» (1914–1918) 16

Wieder im Schatten: Nachkriegszeit (1918–1925) 17

Lebensspuren Georges Victor-Hugos 19

Im Westen nichts Neues? **Katalog** der
unbekannten Zeichnungen Georges Victor-Hugos
Sur le Front de Champagne (1915/1916) 31

Bilder / Images 45

Préface 63

Motivation personnelle 64

Victor Hugo : L'Autre 65

Biographie : Georges Victor-Hugo :
À l'ombre du grand-père : Après la guerre de 70/71 (1868-1914) 66

L'Œuvre avant la guerre : Georges Victor-Hugo :
écrivain-peintre (1868-1914) 69

Georges Victor-Hugo : Pendant la Grande Guerre (14-18) 72

Georges Victor-Hugo : De nouveau à l'ombre :
L'Après-Guerre (1918-1925) 74

Traces de la vie de Georges Victor-Hugo 75

À l'ouest, rien de nouveau ? **Catalogue** des dessins
méconnus de Georges Victor-Hugo de
Sur le Front de Champagne (1915/1916) 87

Auswahlbibliographie/Choix bibliographique 100

VORWORT

Als der französische Künstler Georges Goursat, besser bekannt unter dem Pseudonym Sem als einer der profiliertesten Karikaturisten der Belle Epoque, im Winter 1916 als Kriegsberichterstatter die Front in der Champagne besucht, trifft er in einem Schützengraben in der Nähe des zerstörten Dorfes Souain völlig unerwartet auf einen alten Bekannten: Georges Victor-Hugo. Der Enkel des berühmten Schriftstellers Victor Hugo dient dort als Verbindungsoffizier. In seinem Unterstand hat Victor-Hugo in den letzten Monaten etwa einhundert farbige Skizzen vom Schlachtfeld und vom Leben an der Front angefertigt. Goursat erkennt sofort die außergewöhnliche künstlerische Qualität und Wirklichkeitsnähe dieser kolorierten Zeichnungen und ist begeistert. Es kostet ihn einige Mühe, seinen Freund davon zu überzeugen, sie ihm zur Veröffentlichung anzuvertrauen. Denn obwohl Hugo professionell ausgebildeter Maler ist, zeigt er seine Werke nur im engsten Kreis. «Un artiste inconnu» betitelt Sem daher seinen Artikel, der am 16. Dezember 1916 in der Zeitschrift *L'Illustration* mit vierzehn Abbildungen der Kriegszeichnungen Hugos erscheint. Die Zeichnungen wie die Aufdeckung der Identität des Künstlers sind eine kleine Sensation. Schon 1917 folgt eine Ausstellung in Paris und im selben Jahr die Publikation von 60 Kriegszeichnungen als Faksimile-Album unter dem Titel «Sur le Front de Champagne». Doch schon bald geraten Künstler und Werk wieder weitgehend in Vergessenheit.

Ihre Wiederentdeckung ist das Verdienst des Romanisten, Übersetzers und Gymnasiallehrers Dr. Jörg W. Rademacher (Leer). Als ihm 2001 in der Kriegssammlung von Hanns Heeren an der Universitäts- und Landesbibliothek Münster eines der wenigen vollständigen Exemplare des Albums in die Hände fällt, arbeitet er gerade an einer Biographie über Victor Hugo und ist sofort elektrisiert. 2008 werden einige Reproduktionen in Leer gezeigt. Anläßlich des 100. Jahrestages der Ereignisse werden die beeindruckenden Kriegszeichnungen von Georges Victor-Hugo nun erstmals umfassend in einer Ausstellung vom 26. Februar bis 25. April 2015 in der Landesbibliothek Oldenburg einem größeren Publikum vorgestellt. Die Wanderausstellung wird anschließend in mehreren Schulen, französischen Kulturinstituten und Bildungszentren in Deutschland zu sehen sein.

Das Projekt ist eine Kooperation der Landesbibliothek Oldenburg, des Ernst Klett Verlags, des Volksbundes Deutsche Kriegsgräberfürsorge e.V., Bezirk Weser-Ems, und des Ulrichsgymnasiums Norden. Ich danke Herrn Dr. Rademacher und allen Partnern sehr für das große Engagement und die gute Zusammenarbeit. Für die großzügige Förderung danken wir herzlich der VR-Stiftung der Volksbanken und Raiffeisenbanken in Norddeutschland und der Stiftung Gedenken und Frieden. Auch der Universitäts- und Landesbibliothek Münster, dem Künstler Herbert Müller (Engerhafe) sowie allen weiteren Leihgebern, Rechteinhabern und Mitwirkenden sei an dieser Stelle herzlich gedankt.

Corinna Roeder, Direktorin der Landesbibliothek Oldenburg

PERSÖNLICHE MOTIVATION

Im Westen nichts Neues? Das kann nicht wahr sein, sogar hundert Jahre nach dem I. Weltkrieg, weil jedes Mal, wenn das Thema in Deutschland oder Frankreich angesprochen wird, in den Familien die Suche beginnt, die bald Funde zeitigt von Dokumenten oder Fotos oder anderen schon immer für verloren gehaltenen Objekten. Und es fällt schwer zu glauben, daß die Urenkelin eines französischen Karikaturisten für die Zeitung *Le Figaro* zufällig Kunsthistorikerin geworden ist! Dennoch weiß ich heute nicht, was ich dafür gäbe, hätte ich bei meinem ersten Besuch in Paris an jenem Sonntagmorgen im Juni 1979 mit den alten Soldaten des I. Weltkriegs am Triumphbogen gesprochen!

Leider habe ich es nicht getan. Es hieß über zwanzig Jahre auf die Gelegenheit warten, die mir mein persönliches Interesse an diesem Konflikt erklärte. Bei uns zu Hause wie in Deutschland allgemein sprach niemand mehr davon. Doch eines Tages war von der Schlacht bei Tannenberg im August 1914 die Rede, die mein Großvater väterlicherseits überlebt haben soll, ohne jemals davon zu sprechen. Seither lebte ich in Erwartung einer Entdeckung.

Als Biograph von Victor Hugo interessierte ich mich auch für seine Familie. Eines Tages im Herbst 2001 nach dem Fund des Albums *Sur le Front de Champagne* in der Universitäts- und Landesbibliothek Münster in Westfalen hatte ich endlich ein authentisches Dokument in Händen, das mir half, ein kleines Stück des Weges wiederzufinden, den meine beiden Großväter während dieses Konflikts zurückgelegt hatten. Eher denn durch Worte, die sie im Leben nicht gefunden hatten, sprechen sie jetzt zu mir durch ihre Fotos oder durch künstlerische Bilder, wie sie Georges Victor-Hugo und so viele andere geschaffen haben.

Motiviert durch den starken Eindruck, den die Zeichnungen aus der Champagne bei jeder Gelegenheit, da ich die Diapositive zeigen ließ, hervorgerufen hatten, versuchte ich mehrfach, den Enkel aus dem Schatten heraustreten zu lassen, in dem er nicht allein wegen des Großvaters verweilte, sondern auch wegen seines eigenen ältesten Sohnes, Jean Hugo. Es hieß durchzuhalten angesichts dieser ungünstigen Familienkonstellation, und dieser Katalog zur Oldenburger Ausstellung markiert auf dem Weg zu einer Veränderung der Wahrnehmung wenn schon nicht die Schlußetappe, so doch einen entscheidenden Schritt.

Jörg W. Rademacher, Leer (Ostfriesland), im Januar 2015

VICTOR HUGO

Der Andere

Komm, mein George. Ach! der Söhne Söhne uns betören,
Junge Morgenstimmen singen, die niemals stören.
In unseren Trauerhäusern sind sie die Wiederkehr
Der Rosen, des Frühlings, des Lebens und des Tages Mär!
Ihr Lachen lockt uns eine Träne auf die Lider,
Und unserer alten Schwelle Steine beben wieder;
Vom halb offenen Grab und den schweren kalten Jahren
Treibt fort das Grauen ihr Blick voll Glückes Strahlen;
Sie bringen unserer Seele die ersten Jahre wieder
Sie öffnen in uns all unseren Blütenflieder;
Wieder sind wir sanft, naiv, glückselig wegen nichts;
Das heitere Herz ist voller vagen Luftgewichts;
Bei ihrem Anblick glaubt man selbst zu erblühen;
Ja, Ahne zu werden, heißt den Morgen wiederzusehen.
Der fröhliche Greis mischt sich unter die jubelnden Gören.
Wir Alten werden wieder klein in den Gören.
Und beruhigt, sehen wir entfleuchen in den Zweigen
Unsere schwarze Seele mit der weißen Seelen Reigen.

Victor Hugo, L'Art d'être Grand-père, *in:*
Œuvres complètes. Poésie III,
Paris: Robert Laffont, 2002 (1985), S. 720.
Übersetzung: Jörg W. Rademacher

BIOGRAPHIE GEORGES VICTOR-HUGOS

Im Schatten des Großvaters: Nach dem Krieg von 1870/71 (1868–1914)

Am 16. August 1868 in Brüssel geboren, ist Georges der Enkel Victor Hugos. Sein älterer Bruder, 1867 geboren, war im April 1868 gestorben. Dessen Ableben verwindet der Großvater nie. Dies Faktum und der Tod der Großmutter, Adèle Hugo, im gleichen Monat August 1868, prägen Georges Hugo lebenslang. Nach der Geburt seiner jüngeren Schwester Jeanne 1869 beginnt im Folgejahr der Deutsch-französische Krieg. Nach Frankreichs Niederlage bei Sedan und der Proklamation der Republik kehrt die Familie mit dem Patriarchen an der Spitze nach Paris zurück. Dort macht der kaum zweijährige Georges durch die Berührung einer Kanonenkugel auch seine erste schmerzliche Erfahrung mit den Resten des Krieges: Er hat sich in «die Fingerunterseite gepiekst, worauf er viel schrie».[1]

In den ersten Jahren hat fast immer der Großvater die Fortschritte seiner Enkel vermerkt. Später fällt es schwerer, ihrem Leben nachzuspüren. Also wird auch in der Biographie manchmal auf die Zeichnungen und Gemälde Georges Hugos zurückgegriffen. Beim Werk gilt die ausführliche Erörterung seiner Zeit als Marinematrose und als Infanterist im «Großen Krieg» 1914–1918. Das Werk zu diskutieren, hilft indes, manchen bislang dunkel gebliebenen Augenblick im Leben aufzuklären.

Im März 1871 verlieren Georges und Jeanne ihren Vater, Charles Hugo. So übernimmt fortan der Großvater Verantwortung für die Enkel. Mit ihrer Mutter Alice Hugo bewohnen sie das gleiche Haus wie Victor Hugo, der Mann mit den vielen Geliebten, der niemals aufhört, Juliette Drouet, seine Liebe seit 1833, zu lieben, ohne sie jemals in seinem Haus oder seiner Etage leben zu lassen.

Georges und Jeanne nehmen am Sozialleben dieses recht zweideutigen Haushalts teil, eben auch an den Diners und Soireen, die sie ermüden. 1872 kehrt Adèle Hugo, die jüngste Tochter Victor Hugos, nach Paris zurück, recht verwirrt wirkend. Also verbringt sie den Rest ihres langen Lebens in einem Pflegeheim bei Paris, wo sie von Victor Hugo und dessen Enkeln besucht wird. Ende 1873 stirbt François-Victor, der zweite Sohn Victor Hugos und Übersetzer Shakespeares. Er wird in Paris begraben.

Nach der Hochzeit zwischen Alice und dem Journalisten Édouard Lockroy, der Victor Hugo nicht mag, publiziert dieser den Gedichtband *L'Art d'être grand-père* (1877). In der Folge werden Georges und Jeanne auf den Straßen von Paris erkannt.[2] Diese verfrühte Publizität prägt sie lebenslang. Wenn mehr oder minder illustre Besucher dem großen Dichter der Franzosen die Ehre erweisen, sind Georges und Jeanne dabei. So könnten sie Oscar Wilde (1854–1900) getroffen haben, einen jungen irischen Autor und Dandy, der 1883 in Paris Station macht.[3]

Beim Tod des Schriftstellers 1885 beginnt Georges eine Existenz als allzu spendabler Dandy und passionierter Maler. Wiederum der Großvater hatte ihn

1881 angehalten, «fortan nach der Natur zu arbeiten» (Victor Hugo, *CV*, S. 900). Sehr gern mag Georges die Insel Guernsey und das großväterliche Haus, Hauteville House, dessen Interieur er malt. Auch malt er Victor Hugo, der vom *Lookout*, seinem gläsernen Büro, wo er allmorgendlich schreibt, herabsteigt. Georges kann übrigens von dieser Kanalinsel niemals lassen, und fertigt Aquarelle an, die 2013 erneut erschienen sind.

Im Katalog einer Pariser Ausstellung vom April 2008 steht kein Wort über seine künstlerische Ausbildung, doch war er Schüler von Ernest Ange Duez (1843–1896): «Ohne seinen Stil genauen Einflüssen zuordnen zu können, ist er zu sehen im Gefolge von: John Singer Sargent (1856–1915), James Abbott McNeill Whistler (1834–1903), Eugène Boudin (1824–1898), Paul César Helleu (1859–1927), Jean-Louis Forain (1852–1931).»[4] Es sind amerikanische und französische Maler, Porträtisten wie Landschaftsmaler, Karikaturisten wie Helleu und Forain, der auch Kriegsmaler war.

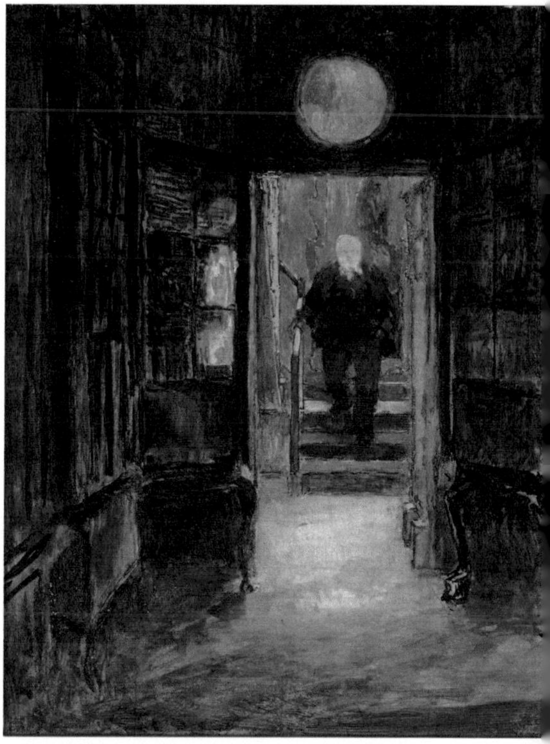

Georges Victor-Hugo: Victor Hugo steigt von seinem Arbeitszimmer in Hauteville House herab; Paris: Maison de Victor Hugo

«Types de Guernesey» in Farbe wiedergebend oder Straßen dieser Insel in schwarzen Federzeichnungen (GN, S. 2-4), so übt sich Hugo auf dem Terrain des Großvaters, der, es kann nicht verschwiegen werden, *en passant* noch viertausend Kunstwerke schuf.[5]

In Paris indes interessiert Georges Hugo das mondäne Leben der Salons, Konzerte und Theater, abgesehen von den Porträts, vor allem von Frauen, aber auch jenes von Pierre Louÿs (1870–1925; GN, S. 18), einem Freund Oscar Wildes, dessen französisches Manuskript des Dramas *Salomé* er Ende 1891 korrigiert. Viele der Aquarelle Hugos sind undatiert, etwa «Peintre à son chevalet» (Maler an seiner Staffelei) oder «Homme lisant sur son lit» (Lesender Mann im Bett) (GN, S. 20).

Erst *post festum* erfährt man von Georges' Militärdienst bei der Marine. Im März 1893 oder 1894 entlassen, heiratet er im März 1894 Pauline Ménard-Dorian. Er hat sie schon immer gekannt, da auch sie Teil der sommerlichen Exkursionen zur Insel Guernsey war. Das junge Paar hat einen Sohn Jean, geboren im November 1894, und eine Tochter, Marguerite, geboren im Oktober 1896. Der Schriftsteller Jacques de Lacretelle (1888–1985), von der Académie française, erinnert sich an Georges Hugo wie an «einen jungen wilden Gott, der alles tun darf. Ich mochte die Geschichten, der er für mich erfand, indes fürchtete ich die oft grausigen Farcen seines Freundes und Schwagers, Léon Daudet, der Gatte Jeanne Hugos [...].»[6]

Georges Hugo publiziert seine Marineerinnerungen in einer Zeitschrift (1895) wie in Buchform (1896), bevor er seine Familie 1898 verläßt und mit Dora Dorian nach Florenz flieht, wo er Heinrich Vogeler (1872–1942), einen jungen deutschen Künstler und Schriftsteller, der in allen Teichen fischt, hätte treffen können. Dieser versteht sich als Dandy *à la* Oscar Wilde.[7] Und dem Iren, der nach Verbüßung einer Haftstrafe (1895–1897) in Italien oder Frankreich, vor allem in Paris, exiliert ist, hätte Hugo auch begegnen können. In Italien malt Georges «Une place à Sienne» (Ein Platz in Siena), das sich im Louvre befindet.

Nach der Geburt ihres Sohnes François 1899 und nach der Scheidung ehelicht er Dora 1901. Als 1902 die Dreyfus-Affäre auf dem Höhepunkt ist, zahlt er für die Abänderung seines Namens zu «Victor-Hugo», damit niemand ihn für einen Deutschen hält – da ja die Anhänger des jüdischen französischen Offiziers, zu Unrecht der Spionage für die Deutschen angeklagt und inhaftiert, als deutschfreundlich diffamiert wurden.[8]

Da er nun von seiner Schwiegerfamilie in Paris getrennt lebt, verliert man Georges Victor-Hugo aus den Augen. Lacretelle schreibt: «Anfangs galt die Scheidung als ernste Sache. Man wurde zu Montague und Capulet [, den Familien aus Shakespeares *Romeo und Julia*], während es heute nicht mehr als eine fehlgeschlagene Freundschaft ist.» (*Les Vivants*, S. 31) Für Hugo heißt die Scheidung, die Kinder aus erster Ehe erst nach dem Tode Lockroys im November 1913 wiederzusehen.

Auch von seiner zweiten Frau Dora und ihrem Sohn getrennt, wieder im Haus seiner Mutter, der Witwe Lockroy, lebend, beginnt er wie früher in einem Atelier bei ihr zu malen. Im Juli 1914 weiht er, begleitet von seinen drei Kindern, eine Victor-Hugo-Statue auf Guernsey ein und will im August 1914 «in ‹die Schlacht›» ziehen.[9]

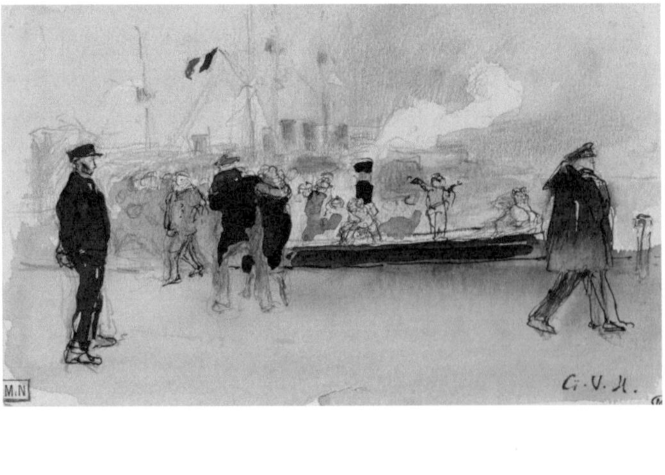

Das Werk vor dem Krieg: Schriftsteller und Maler (1868–1914)

Als Marinematrose arbeitet Hugo in den Funktionen eines Quartiermeisters und Lehrers für die Soldaten. Notiert er das Gesehene so knapp wie bildhaft in seinem Buch *Souvenirs d'un matelot*[10], vernachlässigt er auch sein malerisches Talent nicht. Anhand seiner in öffentlichen Museen verfügbaren Werke sind Hugos vielseitige Interessen und Kontakte eher zu erkennen als eine systematische Ausbildung durch eine Kunstakademie, die seine deutschen Zeitgenossen, die Maler des Künstlerdorfes Worpswede, empfangen und zurückgewiesen haben, wie etwa Heinrich Vogeler, der im I. Weltkrieg ebenfalls an die Front geht.

Während die Prosa Georges Victor-Hugos düster erscheint, gibt die links abgebildete Darstellung des Hafens von Toulon eine zunächst ebenso lebhafte wie heitere Stimmung wieder[11] mit den im Vordergrund leicht zu erkennenden Individuen, hinter denen jedoch die stets bedrohlichen Konturen großer Schiffe vage aufragen. Fehlen solche ambivalenten Eindrücke auch in seinen Erinnerungen nicht, enden diese in einem für den Enkel des großen Redners Victor Hugo kaum noch kämpferischer klingenden Ton: «Dann werde ich von dem tollen Wahn gepackt, – oh ja, tollem Wahn! – mit aller Kraft, von ganzem Herzen zu schreien: Kameraden, Kameraden, kommt nicht hierher! Bleibt auf den Feldern, befahrt die Meere auf euren guten Barken. Kommt nicht hierher, wo ihr die Demütigung kennenlernen, wo ihr den Haß verstehen werdet.» (*Souvenirs d'un matelot*, S. 279)

Hier geht es um ein in der ersten und dritten Person geschriebenes Werk, das einer Folge von Notizen im Logbuch gleicht – ohne es zu sein. Anfangs zitiert Georges Hugo das Dokument, wonach «*dem genannten Hugo unter Androhung der Verfolgung als Deserteur befohlen wird, sich am 14. März 189.. in Toulon einzufinden*» (S. 2). Also leistet der Matrose, der sich erinnert, den Militärdienst auf einem Schiff namens *Dévastation* (dt.: Verwüstung) ab (S. 54).

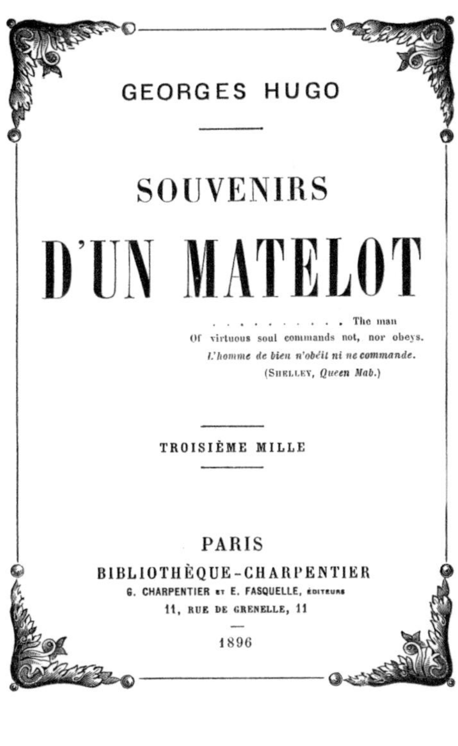
GEORGES HUGO

SOUVENIRS

D'UN MATELOT

. . . . The man
Of virtuous soul commands not, nor obeys.
L'homme de bien n'obéit ni ne commande.
(SHELLEY, *Queen Mab.*)

TROISIÈME MILLE

PARIS
BIBLIOTHÈQUE-CHARPENTIER
G. CHARPENTIER ET E. FASQUELLE, ÉDITEURS
11, RUE DE GRENELLE, 11

1896

Rechts Georges Hugo: Souvenirs d'un matelot, Titelseite; Bayerische Staatsbibliothek München
Gegenüberliegende Seite Georges Hugo: Der Hafen von Toulon, undatierte Zeichnung; Paris: Musée du Louvre

Auch wenn er jene drei im Hafen oder auf See verbrachten Jahre überlebt, erzählt Georges Hugo keine Lustreisen. Einmal zitiert er einen Kameraden: «‹Ich werde erst zufrieden sein, wenn ich mein Häuschen auf dem Land habe›» (S. 151). Das ist sicher nicht Hugos eigenes Ziel, folgt man dem Romancier Jacques de Lacretelle, der ihn im Salon von Mme Ménard-Dorian, der Schwiegermutter Georges Hugos, gekannt hatte, und dessen Jugend beschreibt: «Noch vor der Volljährigkeit war er in den Fängen der Wucherer, und mein Vater, freundschaftlich von der Familie Hugo beauftragt, seine Schulden zu prüfen, erhielt zur Antwort: ‹Ach! ja, das stimmt, da ist noch etwas ... Und dann schau auch bei diesem Mann da nach, dessen Name mir entfallen ist. Er muß auch noch einen Schuldschein von mir haben.› Ich weiß diese Worte aus dem Mund meiner Mutter, die sie mir später als Vorbild, dem niemals zu folgen sei, wiedergab.» (*Les Vivants*, S. 29) Veröffentlicht nach der ersten Version der Autobiographie Jean Hugos, des ältesten Sohnes von Georges Hugo, aber weit früher als deren endgültige Version, antwortet Lacretelles Roman nur fiktiv auf das, was Jean Wort für Wort vom ersten Treffen mit seinem Vater 1913 nach 15 Jahren Trennung behalten hat: «‹Meinem Vorbild sollte man nicht folgen›». (JH, S. 162)

Obwohl das verschwenderische Leben Georges Hugos mit dem Militärdienst endet, trifft ihn das Los aller bekannten Menschen, weil er seit der Publikation des Gedichtbandes *L'Art d'être grand-père* (1877) von Victor Hugo eine öffentliche Person gewesen war, deren geringste Abenteuer von der Presse als nachrichtenwürdig erachtet werden. Der Enkel Victor Hugos ein Nichtsnutz, der Erbe als Vergeuder das Geldes, das der ‹Vater der Linken› verdient hatte, das ist ein gefundenes Fressen für die rechtsgerichtete Presse, die für den Anwärter auf den französischen Thron und für die Monarchie kämpft, während Georges «vom Propheten der Republik aufgezogen worden war» (*Les Vivants*, S. 29).

Vielleicht folgt Georges Hugo als Schriftsteller nach der Natur ohne sein Wissen in *Souvenirs d'un matelot* dem Vorbild seines Ahnen, der sicherlich nicht nur diese Spur einer Autobiographie hinterlassen hätte: «Ich erleide ‹die Krankheit meines Schiffs›; die Seeleute kennen dieses melancholische Fieber gut, das die Haut von den Knochen zieht und den Blicken einen verirrten Ausdruck verleiht; diese Gleichgültigkeit, die morbide Nonchalance, welche die Glieder betäubt. Der noch junge Mann verbraucht sich durch das mehrjährige Leben im gleichen Stahlrumpf, sein aktiver Geist, seine jugendliche Fröhlichkeit stumpft ab im Kontakt mit dieser eisigen Regelmäßigkeit. Es ist ein Klosterleben ohne Vernunft und ohne Glauben.»[12]

Selbstverständlich durchzieht das Leitmotiv der elenden Bagnosträflinge, wie sie Victor Hugo seit seinem Roman *Le dernier jour d'un condamné* (1829)[13] erwähnte hatte, die Erinnerungen Georges Hugos, der sich vor Toulon auf Reede befindet, der Stadt, wo von jeher das Straflager des Bagno liegt: Er spielt darauf an, als es um jemanden geht, der seinen Kameraden verraten hat: «– Wirst du also das ganze Leben die Zwangsarbeit von diesem Jungen auf dem Herzen

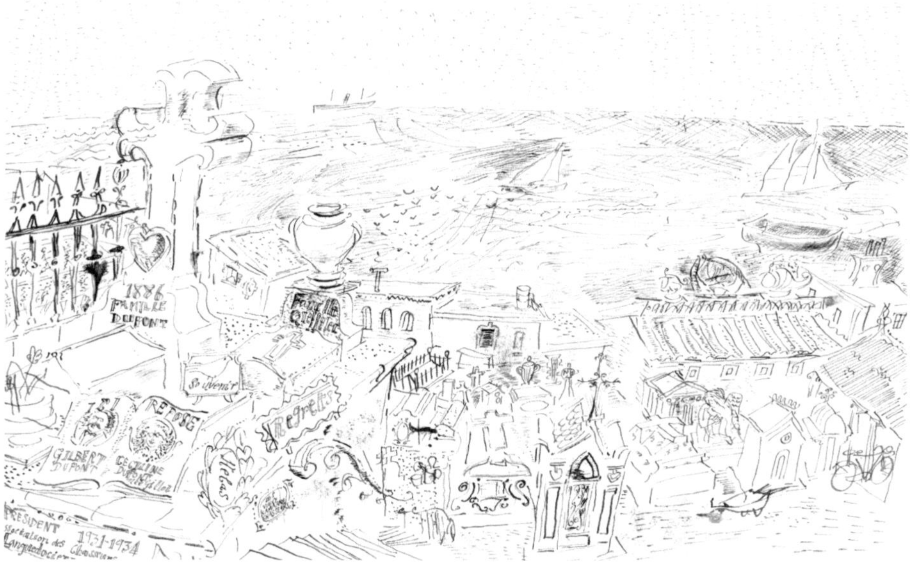

Oliver Soskice: «Der Friedhof an der See» von Paul Valéry, Tuschzeichnung, 2015

haben? / – Ist mir schnuppe, er mußte ja nicht stehlen!» («Souvenirs d'un matelot», 1. April 1895, S. 504; Buchausgabe, S. 49).

Bald darauf stirbt dieser Soldat, und Georges Hugo geht zur Beerdigung (S. 506; S. 54), eine Erfahrung, die er von frühauf recht oft erlebt hatte, und bildhaft beschreibt er den Ort: «Wo soll er denn liegen? Kein Grab; ein langes Loch mit vier Särgen und Platz für noch einen. / Jetzt sind wir ganz allein. Der Seewind ist auf dieser Höhe noch heftiger und bewegt unsere hohen Kragen. Am Horizont, hinter den Bäumen, rasen kleine weiße Segel über die Reede, zwischen den Schiffen hindurch; und die Rauchsäulen vom Arsenal, die alten Häuser von Toulon, jenes ganze ferne Leben, alles macht den Friedhof noch unheimlicher, die Einsamkeit noch gewichtiger.» (S. 510; S. 64/65)

Einerseits scheint dieses Prosabild dem Vordergrund der Zeichnung vom Hafen Toulons entgegenzustehen; andererseits offenbart die Beschreibung einen «Friedhof an der See» vor der Zeit, ist sie doch dreißig Jahre älter als das berühmte Gedicht Paul Valérys (1871–1945), dessen erste Strophe genügen mag, um die Stimmung einzufangen. Auf Deutsch wirst es zuerst von Rainer Maria Rilke (1875–1926) übersetzt, der wie Vogeler Teil der 1889 gegründeten Künstlerkolonie Worpswede war:

«Wo die Tauben marschieren, dies ruhevolle Dach,
zwischen den Pinien, den Gräbern schwanket, ach;
Dort aus Feuern entsteht des gerechten Mittags Wille,
Das Meer, das Meer, stets wieder begonnen!
O welcher Lohn für des Denkens Wonnen
Ein langer Blick auf der Götter Stille!»[14]

Noch einschneidender wird die Prosa Georges Hugos dadurch, daß er den Tod desjenigen, dessen Beerdigung er bezeugt, soeben erlebt hat. Stets an Seestücken interessiert, hatte er einen *Port d'Anvers* (Hafen Antwerpens; 1890) gemalt, dann, wahrscheinlich nach einer Folge von Unwettern und Regengüssen in Frankreich, *L'inondation* (Die Überschwemmung; 1894). Und genau den Realismus dieser Leinwand, wo nur das Schiff wie eine Arche funktioniert, wird er in seinem Kriegsalbum stets offenbaren.

Während des «Großen Krieges» (1914–1918)

Mit dem Selbstporträt eines Mannes in gewissem Alter, Anzug tragend und rauchend in einem großbürgerlichen Salon mit Bildern an der Wand – wohl auch von ihm eigenhändig angefertigte (S. 45) – offenbart sich Georges Victor-Hugo als Künstler, der die Kunst liebt, ohne von seinem Pinsel leben zu müssen. Dennoch schreibt sein Enkel Pierre Hugo (geb. 1947): «Ich könnte die Zahl der Briefe in meinem Besitz nicht nennen, die sicher voller Liebe sind, die jedoch stets mit einer Bitte um Geld enden. Georges schrieb an seine Mutter, Nana.»[15]

Zu Kriegsbeginn eben 46, will Georges Victor-Hugo einrücken. Am 4. September 1914, entsinnt sich Jean Hugo, begleiteten «mein Vater und mein Cousin Charles Daudet [...] mich nach einem Diner in der Taverne Royale zum Bahnhof Saint-Lazare, von wo der Zug um acht Uhr abends abfuhr.» (JH, S. 15)

Doch anfangs dient Georges Frankreich als Zensor in Paris.[16] Dann, im Juni 1915: «Es gelang ihm, einem [...] Generalstab einer Brigade zugeordnet zu werden, und er fuhr an die Front in Lothringen.» (JH, S. 168) Inzwischen wurde Sohn Jean verwundet, und seine «Mutter erreichte [s]eine Verlegung in das Hospital [107 in Meudon, nahe Paris], wo seine Schwester beschäftigt war» (JH, S. 39). Marguerite «lenkte einen Klein-LKW, und tauschte zu anderer Zeit ihre Uniform gegen eine weiße Bluse, um in der Apotheke zu bedienen» (JH, S. 40).

Bei einem Treffen mit Jean erzählt Georges diesem von Momenten, als er Lyrik Victor Hugos vorlas: «[Die Soldaten] hören mir zu. Das sind tapfere Leute aus der Franche-Comté. Sehen sie mich mit meinem Monokel kommen, sagen sie: / – Da ist Papa Hugo mit seinem Auge!» (JH, S. 169)[17]

Endlich, im September 1915, nimmt Georges Victor-Hugo am Angriff auf die Ferme de Navarin in der Champagne teil, wo er sich als Verbindungsoffizier auszeichnet. Einmal Maler, immer Maler, skizziert er unentwegt. Später wird er zitiert: «ich kolorierte leicht mit dem, was mir zur Hand war. Ein wenig Tabaksaft und ein Tropfen gesüßten Kaffees, das ergibt eine fabelhafte Sepia; mit etwas Rotwein schafft man großartiges Blut, und, um den Boden, den allgemeinen Ton der Landschaft, diesen weißlichen Ton der Champagne zu treffen, verdünnte ich ein wenig die an meinem Mantel klebende Kreide ... das war's schon!»[18]

«Dann, nach einem Winter verbracht im weißen Schlamm der schmutzigen Champagne, zwingt ihn ein kritischer Rheumaschub, ‹die Schlacht› zu verlassen» (JH, S. 169). Datiert auf den 2. Mai 1916, liegt ein Aquarell eines «Intérieur d'église à Bordeaux» vor (Kircheninterieur; GN, S. 22). Sein Sohn erzählt von ihren Begegnungen nach der Rückkehr von «der Schlacht» im Café in Paris, von dem es auch eine Zeichnung gibt: «Intérieur du Café des Gaufres», die im Louvre liegt: «Bei unseren Treffen [...] sprachen mein Vater und ich oft von Malerei. Wir verstanden uns nicht. Damals hatte ich mich von den Impressionisten, meiner Liebe im Alter von 16 Jahren, gelöst; ich bewunderte die große Odaliske von Ingres mit ihren fünfzehn Wirbeln und der Brust unter der Achsel, den Zöllner Rousseau und Picasso, von dem ich, unter dem Einfluß Radiguets stehend, seit kurzem die dicken Frauen der kubistischen Leinwände bevorzugte. Mein Vater brauste auf: er liebte Boudin, Jongkind, Monet, folgte Renoir nicht bis zu den *Badenden*; Gauguin, Van Gogh, Cézanne, Bonnard kannte er nicht; Vuillard auch nicht, dessen Kunst indes der seinen so nahe stand; die Kubisten verabscheute er. Wir hätten uns über Poussin einigen können, über Lorrain, Chardin, Corot, so viele andere. Ich weiß nicht, doch davon sprachen wir nicht.» (JH, S. 169/170).

Wieder im Schatten: Nachkriegszeit (1918–1925)

Noch ein Selbstporträt, indes eher gezeichnet denn gemalt und viel nüchterner mit, sagen wir, einem Frontkämpfer als Hintergrund (S. 61). Jean Hugo spricht von einer Änderung der eigenen Einstellung: «Mein Vater, meine Mutter, meine Großmütter, meine Krankenwagen lenkende Schwester, mein Cousin Charles Daudet, die mir schrieben und die ich bei Urlauben sah, dachten, wenn auch jeder auf eigene Weise, vor allem an den Krieg.» (JH, S. 112)[19]

Nach Georges Victor-Hugos Ausstellung der Kriegszeichnungen im Pariser Pavillon de Marsan im Februar 1917 und dem Erscheinen seines Albums *Sur le Front de Champagne* im November des gleichen Jahres wissen wir mithin nicht viel über den Menschen wie den Künstler. Jean Hugo erzählt: «Er litt stark unter der Veränderung der Sitten [...] den Vertraulichkeiten derer, die er als Diener betrachtete [...] Er billigte nicht das Milieu, in dem ich verkehrte. Das neue Paris von 1920, das Diaghilevs Ballette, die Dichtungen Jean Cocteaus, die Bücher Prousts und Gides wie die Bilder Picassos bewunderte, war nicht sein Paris.» (S. 170)

Nach der Hochzeit Jeans 1919, bei welcher der Vater anscheinend nicht zugegen war, besucht das junge Paar Guernsey, wo Georges Victor-Hugo sie empfängt, der «spät aufstand und sich beim Ankleiden Zeit ließ. Lange behielt er den Bademantel an, rauchte Zigaretten» (S. 179/180) – wie man ihn im Selbstporträt von 1918 sieht. «Manchmal las uns mein Vater auf dem Rasen [von Hauteville House] Gedichte aus *Contemplations* oder aus *L'Art d'être grand-père* oder das Kapitel mit der Krake aus *Les Travailleurs de la mer* laut vor.» (S. 180) Also spielt sich das Leben des Georges Victor-Hugo erneut im Schatten des Großvaters ab.[20]

Anfang 1925 wird er krank. Anders als der Großvater will er einen Priester sehen. Bald besteht keine Hoffnung mehr. Am 5. Februar 1925 stirbt er und wird vier Tage später auf dem Père-Lachaise in Paris begraben. Sehr bekannt als Enkel Victor Hugos, bleibt er als Ahne der heutigen Familie Hugo wie als Schriftsteller und Maler einer verflossenen Epoche noch zu entdecken.[21]

Mit der Belle Epoque geboren und mit dieser im November 1918 untergegangen, hätte ein Guillaume Apollinaire über seinen Nachruhm nicht klagen können. Georges Victor-Hugo jedoch, Kind der gleichen Ära, der Notwendigkeit enthoben, mit der Kunst des Schreibens oder jener des Zeichnens Geld zu verdienen, kehrt in den Schatten nicht nur des großen Theaters des im Nachkriegsparis wieder entstehenden öffentlichen Lebens zurück, sondern auch in den Schatten jener Familie Hugo, deren vierte Generation von nun an den Staffelstab übernahm. Rückblickend haben deren Erfolge und Langlebigkeit gleichfalls die Wiederentdeckung von Georges Victor-Hugo verzögert.

LEBENSSPUREN GEORGES VICTOR-HUGOS

1868

16. August – Geburt von Georges-Charles-Victor-Léopold in Brüssel.
25. August – Adèle-Julie-Victoire-Marie Hugo, die Großmutter des Neugeborenen, *erleidet einen Schlaganfall.* (Pierre Hugo [PH], *Les Hugo: témoignage*, Monaco: Éditions du Rocher, 2007, S. 131).
27. August – Tod von Adèle Hugo um 6 Uhr 30. *Ich habe ihr die Augen geschlossen. Ach ja!* (Victor Hugo, *Choses vues* [*CV*] *1849–1885*, Édition d'Hubert Juin, Paris: Gallimard, 1997 (1972), S. 514)

1869

29. September – Geburt in Brüssel von Jeanne, Tochter von Charles und Alice Hugo und jüngere Schwester von Georges-Victor.

1870

31. Juli – *Mein kleiner Georges nennt mich weder Guter Pa, noch Großpapa; er hat für mich diesen Namen gefunden:* Papapa. (*CV*, S. 541)
2. September – die Schlacht von Sedan. Der geschlagene Napoléon III. wird Kriegsgefangener.
3. September – Die Kapitulation wird unterzeichnet.
4. September – *Ich habe heute,* notiert Victor Hugo, *für Georges, die Händchen gefaltet, sein erstes Gebet gesprochen: Mein Gott wacht über jene, die mich lieben und die ich liebe. Seid gesegnet.* (*CV*, S. 552; *Carnets* [*Cs*], in: Victor Hugo, *Œuvres Complètes. Voyages*, Präsentation von Claude Gély, Paris: Robert Laffont, 1987, S. 1040). Abends erfährt die Familie, daß *die Abdankung des Kaisers verfügt* und die Republik ausgerufen worden ist (Max Gallo, *Victor Hugo. Je serai celui-là !*, Paris: XO Éditions, 2001, S. 339).
5. September – Rückkehr Victor Hugos nach Paris: *Ein Mann im Kittel hat mir die Verse aufgesagt, die in meinem Garten sind: «Kommt alle herbei Eure Gerste ernten fein / Meine Herren Vögelein / beim Herren Georg klein».* (*CV*, S. 554; *Cs*, S. 1041; Graham Robb, *Victor Hugo*, London: Picador, 1998 (1997), S. 448).
14. Oktober – Georges hat mit einem Kriegsfund gespielt, *einer hinter einer Barrikade nahe Montrouge aufgesammelten preußischen Kugel, wo sie zwei Pferde getötet hatte. Diese Kugel wiegt 25 Pfund.* Er hat sich in *die Fingerunterseite gepiekst, worauf er viel schrie.* (*CV*, S. 567; *Cs*, S. 1053)

1871

13. Februar – Abfahrt der Familie Hugo nach Bordeaux mit Victors Geliebter Juliette Drouet, den Söhnen Charles und François-Victor, Schwiegertochter Alice und ihren Kindern und den Zimmermädchen.

13. März – Victor Hugo erfährt vom Tod des ältesten Sohnes Charles durch einen Schlaganfall. Georges und Jeanne sind nun vaterlos. *Ach ja! mein vielgeliebter Charles. Er war tot. / Ich bin Alice holen gegangen. Welche Verzweiflung! / Die beiden Enkelkinder schlafen.* (*CV*, S. 624; *Cs*, S. 1115)
27. März – *Der Familienrat kam heute Morgen bei mir zusammen. Ich habe mich bereit erklärt, Gegenvormund zu sein.* (*CV*, S. 630; *Cs*, S. 1121)
4. April – *Klein Georges kam, auf meinem Bett zu spielen. – Es schmerzt, wenn Franzosen einander bekämpfen. Zwischen Paris und Versailles herrscht jetzt Krieg.* (*CV*, S. 632; *Cs*, S. 1122)
30. April – *Ich habe Georges schon drei Lese- und Schreibstunden gegeben.* (*CV*, S. 639; *Cs*, S. 1129)
1. Mai – *Ich habe Klein Georges seine vierte Lese- und Schreibstunde gegeben.* (*CV*, S. 640; *Cs*, S. 1130)
27. Mai – *Und ich höre diese Schreie:* Tötet Victor Hugo! *[...] Jeanne, die in ihrem Zimmer ein Stein gestreift hat, betrachtete mich mit großen erstaunten Augen. Klein Georges sagte:* Das sind die Preußen. (*CV*, S. 646; *Cs*, S. 1135/1136)
28. Juni – *Soeben hat Georges mir gesagt:* «– Es gibt hier ein kleines Mädchen, das mir Tiere schenkt.» *In der einen Hand hielt er eine Schnecke und einen Maikäfer in der anderen.* (*CV*, S. 663; *Cs*, S. 1155)
10. Juli – Geburt in Auteuil nahe Paris von Marcel Proust, künftiger Romancier (Jean-Yves Tadié, *Marcel Proust I*, Paris: Gallimard, 1999 [1996], S. 85).
8. Oktober – *Victoire, Alice und Klein Georges sind Rochefort* [, den Paten von Georges, im Gefängnis] *von Versailles besuchen gefahren.* (*Cs*, S. 1197)

1872

2. Januar – *Georges und Jeanne [...] haben mir das Porträt von Charles gebracht. Sie betraten, es rechts und links tragend, mein Zimmer. Ich habe es über dem Tisch, daran ich schreibe, aufgehängt. Jeden Morgen lasse ich ihm je einen Kuß von Georges und von Jeanne schicken.* (*CV*, S. 748; *Cs*, S. 1210)

1873

14. Februar – *Klein Georges war bei der Generalprobe von* Marion de Lorme. *Er hat kein Wort gesagt; und tags darauf hat er den ganzen Tag wiederholt:* der rote Mann, der vorübergeht. (*CV*, S. 778)
27. Dezember – *Louis Blanc ist gekommen und M. Lionnet, der bei Lampenlicht den entschlafenen Victor gezeichnet hat. / Noch ein Bruch, noch dazu ein radikaler, in meinem Leben. Vor mir stehen nur noch Georges und Jeanne. / Im Moment, da ich dies schreibe, fährt unter meinem Fenster ein weißer Leichenwagen vorbei. / Oh, mein sanfter, vielgeliebter Victor.* (*CV*, S. 793)

1874

1. Januar – *Mittags hat Alice mir die Kleinen gebracht. Sie haben mit mir gegessen.*

Neujahrsgaben. Spielzeuge. Glückseligkeit der Kindheit. Sanftes Murmeln um die traurige Seele. (*CV*, S. 799)
19. Januar – *Ich habe heute die Revision von 93 vollständig abgeschlossen. Heute Morgen schicke ich die letzte Druckfreigabe ab.* (*CV*, S. 800)
31. Januar – *M. Michaëlis ist gekommen, mir für Georges ein großes mechanisches Spielzeug zu bringen, die* Claymore *(von* 93 [Hugos Roman zur Französischen Revolution]*) darstellend. Es ist eine Korvette auf Rädern. Die Räder sind anachronistisch, aber das ist Georges gleich, solange das Schiff auf dem Wasser fährt.* (*CV*, S. 802)
24. Mai – *Gegen zehn Uhr hat sich der Zustand von Klein Georges verschlimmert. Das Rheuma hat das Herz erfaßt. Man hat ein Zugpflaster gesetzt. Obzwar beunruhigt, sagte Doktor Sée: Es besteht noch Hoffnung. Tiefe Beklemmung. / Gegen elf Uhr hat der Schmerz nachgelassen. Lächeln des Kindes. Wir hoffen.* (*CV*, S. 812; Max Gallo, S. 411)
15. Juni – *Wir haben bei Alice zu Mittag gegessen, zu Ehren der beginnenden Genesung von Klein Georges. [...] Beim Nachtisch trank ich auf die Gesundheit von Klein Georges, der beim Diner anwesend war. Ich sagte ihm:* Kind, mögest du deinerseits, wenn ich schon lange tot sein werde, in siebzig Jahren auf die Gesundheit eines kleinen Kindes trinken, das dein Enkel sein wird, und ihm wünschen, deinen Vater Charles und ein wenig deinen Großvater fortzusetzen. (*CV*, S. 815)

1875

5. März – *Mein kleiner Georges hat mir einen Brief* wahrhaftig *von ihm gegeben, den ersten, den er geschrieben. Freude.* (*CV*, S. 826)
18. Juni – *Ich habe meinen Kleinen die erste Lateinstunde erteilt. Georges ließ ich* Amo, *ich liebe, beugen, Jeanne,* Rosa, *die Rose. Sie haben gelacht, diese süßen Wesen.* (*CV*, S. 831)
16. August – *Mein Georges ist heute sieben Jahre alt.* (*CV*, S. 835)
22. Oktober – *Charles ähnelt Georges und Victor Jeanne.* (*CV*, S. 839)

1876

26. Februar – *Heute bin ich vierundsiebzig Jahre alt. Beim Erwachen erhalte ich ein süßes Wort von J. J.,* Juliette Drouet, *und einen Brief Julies mit den Porträts von Didine und Adèle,* die verstorbene Tochter und Frau. *Mögen sie gesegnet sein!* (*CV*, S. 848) – *Zum Glück gibt es das Lachen, die Freuden von Georges und Jeanne. Mit ihnen erlernt er* Die Kunst, Großvater zu sein. *Er führt sie zum Jardin des Plantes, wo er manchmal Marie Mercier bemerkt, die er wiedersieht, und Blanche, die auf ihn wartet und zu der er wieder geht, nachdem er Georges und Jeanne zur Rue de Clichy gebracht hat.* (Max Gallo, S. 419)

1877

3. April – Hochzeit von Alice mit dem Journalisten Édouard Lockroy (Max Gallo, S. 429)

Mai – Publikation der den Enkeln gewidmeten Gedichte unter dem Titel *Die Kunst, Großvater zu sein.*
21. November – *Ich habe den ganzen Tag an der* Geschichte eines Verbrechens *gearbeitet. Nach dem Diner bin ich zur* Hernani-*Vorstellung und saß in der Parterre-Loge Nr. 7. Ich ging Fräulein Bernhardt in ihrer Garderobe gratulieren. Georges war im Theater. Die Menge hat mich beim Herausgehen (Mitternacht) gegrüßt, ich bin von Girardin in dessen Wagen mitgenommen worden.* (*CV*, S. 879) – *Er setzt sich zur Linken von Sarah Bernhardt. Ihm gegenüber wollte er Georges plaziert wissen, damit er sich dieses Abends dereinst entsinne* (Max Gallo, S. 434).

1878

1. Januar – *Alice hat Georges und Jeanne auf den Père-Lachaise geführt. Georges hat mir drei am Grab gepflückte Blumen gebracht und sagte weinend: Papa, mein Onkel Victor, mein kleiner Bruder. / Mögen sie gesegnet sein! / Wir essen als Familie zu Mittag. Ich habe alle Neujahrsgeschenke aus Gold in die Teller gelegt. Freude der Kinder. Ich arbeite.* (*CV*, S. 883)

1879

November – *Oh Georges, du wirst ein Mann sein. – Du wirst wissen / Wem du dein Herz verdankst, wem für deinen Arm danken müssen.* (zitiert nach Max Gallo, S. 450)

1881

26. Februar – *Mein Fest. Während meiner Toilette klopft es an der Tür. Ich sage: Herein. Georges und Jeanne treten ein mit Alice. Sie wünschen mir alles Gute zum Geburtstag. Georges hat mir eine hervorragende Zeichnung mitgebracht, einen Jungenkopf, von ihm gefertigt nach* Léon *Bonnat,* Maler eines Hugo-Porträts von 1879; 1833–1922. *Ich halte ihn an, fortan nach der Natur zu arbeiten.* (*CV*, S. 900; Graham Robb, S. 392; S. 512)

1883

30. Oktober – letztes vollendetes Gedicht: *Georges auf Knien, Jeanne im Gebet; / Kinder, des Himmels Auge wacht über Euch; / Verneigt Euch, Seele von Rührung umweht; / Die Welt ist groß, der Herr ist sanft.* (Victor Hugo, *Poésie IV*, Präsentation von Bernard Leuilliot, Paris: Robert Laffont, 2002 [1986], S. 1074).

1884

Es ist Victor Hugo *geglückt, eine junge Dichterin zu treffen, die Prinzessin Metchensk, die ihre Werke als Tola Dorian zeichnet,* 1839–1918. [...](Max Gallo, S. 480) – *Georges – der jetzt 15 Jahre alt ist – bleibt sein bevorzugter Gesprächspartner. Der Heranwachsende kommt stets morgens während der Toilette von Papapa dazu.* (Alain Decaux, *Victor Hugo*, Paris: Perrin, 1984, S. 1015) – *Eines*

Abends führt man Hugo *zu einem Ball für Heranwachsende, den seine Freunde Ménard-Dorian in ihrem luxuriösen Heim Rue de la Faisanderie ausrichten. Georges und Jeanne müssen das Menuett des* Don Giovanni [von W. A. Mozart] *mit der Tochter des Hauses* [Pauline, die Georges 1894 heiratet], *der Tochter von Paul Meurice sowie der älteren Tochter Clemenceaus wie dem Sohn von Alphonse Daudet, Léon* [, den Jeanne 1891 heiratet], *tanzen. (ebd.)*

1885

Im Frühjahr – *Gegen Ende des Winters ist Léon Daudet eines Nachmittags mit Georges im Garten. Mit Hingabe gehen Bällchen oder Ball hin und her. Plötzlich sehen sie den Greis auf sich zukommen. Sie erstarren. Er kommt heran, wie immer majestätisch und ernst. Er sagt ihnen diese einfachen Worte: / Die Erde ruft mich* (zitiert nach Alain Decaux, S. 1016; Max Gallo, S. 483; Graham Robb, S. 521)
18. Mai – An die Enkel gerichtet: *Er murmelt: «Meine lieben Kleinen ...» Er will ihnen zulächeln, spürt aber, daß er weint.* (Max Gallo, S. 484) – *Er küßte uns lange mit Tränen auf den Lippen. Seine Augen lachten unter der schönen ruhigen Stirn. Die große Maisonne drang durch das offene Fenster; er kuschelte sich in die Decken, als sei ihm sehr kalt. Seine Stimme wurde viel gelassener als je zuvor und zärtlicher. / – Seid glücklich... denkt an mich... liebt mich.* (Georges Victor-Hugo, *Mon Grand-père*, Paris: Calmann-Lévy, 1902)
19. Mai – *Lieben, das heißt handeln.* (*CV*, S. 919)
22. Mai – 13 Uhr 27: Tod Victor Hugos (Max Gallo, S. 485).
Juni – Kaum 17 Jahre alt, *richtete sich Georges in einer verlängerten Adoleszenz ein.* (Graham Robb, S. 535)

1888

Als mein Vater zwanzig war, sagte ihm ein Arzt: «Beim Zustand Ihres Herzens werden Sie, falls Sie dieses Leben fortsetzen, falls Sie noch eine Zigarette mehr rauchen, falls Sie noch ein Glas mehr trinken, in einem Jahr tot sein.» (Jean Hugo [JH], *Le Regard de la mémoire*, Arles: Actes Sud, 1989 [1983], S. 248)

1889

5. Juli – Geburt von Jean Cocteau in Maison-Laffitte, nahe Paris (François Nemer, *Cocteau. Sur le fil*, Paris: Gallimard, 2003, S. 12).

1891

Februar – standesamtliche Trauung von Léon Daudet (1867–1942) und Jeanne Hugo (Jean-Yves Tadié, *Marcel Proust I*, S. 175 ; PH, S. 173).
Hochzeit von Léon Daudet und Jeanne Hugo, Zeichnung von Gil Baër, erste Seite des *Progrès illustré* vom Sonntag, 22. Februar 1891.
März – spätester Beginn für den Militärdienst von Georges Hugo als Matrose der Marine (*Souvenirs d'un matelot*, S. 1 ; S. 274).

1892

Geburt von Charles Daudet (1892–1960), Sohn Léon Daudets und Jeanne Hugos, Neffe Georges Hugos (PH, S. 173).

1894

Jean Hugo zufolge wird er in der Wohnung Georges Hugos in der Rue Paulin Guérin, Toulon, gezeugt (Jean Hugo, *Carnets 1946-1984*, Arles: Actes Sud, 1994, S. 39).
März – spätestes Datum für die Entlassung Georges Hugos aus der Marine.
20. März – Georges Hugo ehelicht Pauline Mènard-Dorian (1870–1941). (Geneanet; Zugang: 12. Dezember 2014; http:gw.geneanet.org/garric?lang=fr;p=-pauline;n=menard+dorian) – In ihrem Salon, Nr. 89, Rue de la Faisanderie, Paris, 16. Arrondissement, empfangen sie einen Zirkel von Schriftstellern wie Marcel Proust, Émile Zola, Alphonse, später Léon Daudet, Edmond de Goncourt, Max Jacob, Malern (Eugène Carrière) und Musikern (Satie). (Wikipédia-Artikel zu Pauline Ménard-Dorian: Zugang: 14. Dezember 2014; http://fr.wikipedia.org/wiki/Pauline_M%C3%A9nard-Dorian).
In einem Brief an den Stiefvater Lockroy erklärt Georges Victor-Hugo, sehr wohl Szenen zwischen dem großen alten Mann und dessen Schwiegersohn beobachtet zu haben, in welchen dieser kühn genug war, sich jenem entgegenzustellen, dabei Dinge sagend, die ihn, den Enkel, entsetzt hätten. (zitiert nach Graham Robb, S. 511)
Am Mas de Fourques läßt seine Schwiegermutter Georges das «Atelier» bauen, wo er nur «zwei Pastelle» anfertigt, «eine Ansicht des Dorfes Gallargues und ein paar triste Olivenbäume», «denn er liebte weder das Land noch Südfrankreich» (JH, S. 139).
19. November – Geburt Jean Hugos, Nr. 89, Rue de la Faisanderie, Paris, 16. Arrondissement.

1895

Am 1. und 15. April, 15. Mai, 15. Juni, 1. August und 1. September – Publikation in Auszügen seiner Reiseerzählung: «Souvenirs d'un matelot» in *La Nouvelle Revue*.
Im August machen Georges Hugo und seine Familie «die Überfahrt» nach Guernesey mit dem «neunmonatigen Jean» (JH, S. 164). Georges hat dort wohl das Aquarell mit dem Titel «Le Courrier de Cherbourg» gemalt.

1896

Hochzeit von Jeanne Hugo mit Jean-Baptiste Charcot (1867–1936), Forscher und Segler (PH, S. 173).
Publikation von *Souvenirs d'un matelot*, Paris: G. Charpentier et E. Fasquelle, von Georges Hugo, gedruckt in einer Auflage von insgesamt dreitausend Exemplaren.
10. Oktober – Geburt Marguerite Hugos, zweites Kind von Pauline und Georges, in Paris.

1897

Im Jahr 1897 finanzieren Georges und Jeanne auch den zweiten, eher den dritten Pourquoi Pas («Warum nicht»), *ein Schoner aus Eisen von 31 Metern Länge mit Dampfmotor.* (PH, S. 173)

1898

Ich war vier Jahre alt, als ich, eingeschlichen in seine große Toilette, Rue de la Faisanderie, vor den runden Mansardenfenstern im Gegenlicht seine Silhouette sah, als Matrose gewandet. Das ist meine erste Kindheitserinnerung. Mein Vater brach zur Marine in Cherbourg auf. Nach Hause sollte er nie zurückkehren. (JH, S. 160)
Flucht Georges Hugos und Dora Charlotte Dorians (1875–1951) nach Florenz unter Mitnahme von nur *zwei Koffern* (Jacques de Lacretelle, *Les Vivants et leur ombre*, Paris: Grasset, 1977, S. 31).

1899

Gründung der *Action française* in Paris mit Hilfe von Léon Daudet, dem Kindheitsfreund von Georges Victor-Hugo und seinem Ex-Schwager.
30. April – Geburt in Rovezzane, nahe Florenz, Italien, von François Hugo, Sohn Georges Hugos und Dora Dorians, die in erster Ehe mit Jean Ajalbert (1863–1947) verheiratet gewesen war.

1901

29. Juni – Hochzeit von Georges Hugo mit Dora Charlotte Dorian in Balbigny, Rhône-Alpes, Frankreich (Geneanet, Zugang: 12. Dezember 2014; http://gw.geneanet.org/garric?lang=de&p=dora&n=dorian).

1902

1902 – In einem Büchlein mit dem Titel *Mon Grand-Père*, publiziert aus Anlaß des Zentenars von Victor Hugo, zeigt Georges Victor-Hugo, der beschreibt, wie sein Großvater aß, nicht nur den Patriarchen in Aktion, sondern drückt auch einen elementaren Aspekt von dessen Ästhetik aus: *Er aß mit äußerster Sorgfalt stets die gleichen Gerichte. Seine große Gourmandise, an der er uns teilhaben ließ, war das Gribouillis, ein Gericht seiner Erfindung, das er selbst am Tisch ausführte: alles mischend, was serviert worden war: Eier, Fleischsorten, Gemüse, Saucen und Frittiertes, eine Art Pastete, die er zerlegte, mit kleinen Messerhieben hackte und würzte, indem er das Salzfaß umwarf.* (*Mon Grand-père*, 1902)
1902 – «Dekret: ‹*Der Herr Hugo (Georges, Charles, Victor, Léopold), [...] ist autorisiert, seinem Familiennamen jenen von «Victor» vorangehen zu lassen und sich von Rechts wegen «Victor-Hugo» zu nennen anstelle von «Hugo»*›› (zitiert nach Laëtitia Desserrières, «‹Quelques feuillets arrachés au carnet de guerre d'un artiste inconnu›: Georges Victor-Hugo», Anm. 1, Zugang: 12. Dezembrer 2014; http://collections.musee-armee.fr/

quelques-feuillets-arraches-au-carnet-de-guerre-dun-artiste-inconnu-les-croquis-de-georges-victor-hugo/). – Georges Victor-Hugo *zahlte eine gewaltige Summe in Goldfranken für diesen Bindestrich* im Namen, *damit keine Verwechslung aufkomme während der berühmten Dreyfus-Affäre, als man glauben mochte, der Name Hugo sei deutsch!* (PH, S. 33)

1905/1906

Im Jahr 1905 läßt sich Charcot *von meiner Großtante scheiden.* Er *ist 38 Jahre alt. Mein Großvater Georges ein Jahr jünger. Mein Vater ist sechs.* (PH, S. 174)
Jahre später, ich war elf oder zwölf, kam ich mit Mutter, Schwester und anderen Leuten von einer Veranstaltung im Hippodrom von Montmartre. Ich sah einen eleganten Mann einen Wagen besteigen und dem Kutscher ein Trinkgeld geben. Jemand murmelte: «Das ist Georges.» / Und man hieß uns woanders hinzusehen. / – Du hast einen sehr fröhlichen Vater, sagte mir Onkel Negroponte, dritter Mann Jeanne Hugos, *die dicken schwarzen Augen rollend. Liebend gern hätte ich ihn kennengelernt. Aber die Unterredungen mit Mutter erlitten Schiffbruch.* (JH, S. 160/161)

1910

Porträt einer Frau in einem Salon von Georges Victor-Hugo: «Dora, Rückenansicht», von Nacken und rotem Haarschopf Doras, seiner zweiten Frau: Er war bereits von ihr getrennt. Da er sie nicht von vorn gemalt hat, war sie für ihn bereits eine Erinnerung geworden?
Öl auf Leinwand; Gemälde; H. 0.43; B. 0.55 m.; Musée d'Orsay, Paris, Frankreich.

1913

29. Mai 1913 – *Premiere des* [Balletts] Sacre du printemps *von Strawinski* in Paris (François Nemer, *Cocteau*, S. 30).
Am 22. November [...] ließ Vater Mutter einen Brief bringen: «Ich schicke mich an, Sie, Madame, um Erlaubnis zu bitten, meine Kinder zu umarmen. Schon lange wollte ich Sie bitten, mir zu helfen, sie wiederzusehen. Aber ich schreckte stets, ich gebe es zu, vor einer Emotion zurück, die vor ihnen zu beherrschen ich mich außerstande fühlte. Ein tragischer Umstand zwingt das Ereignis herbei: Edouard Lockroy ist heute Nacht gestorben. Meine arme Mutter ist unglücklich; es fehlen in ihrer Umgebung jene, die sie lieben und die sie liebt. Wohl hat sie ihren alten Sohn, sie braucht sogleich noch Jean und Maggy.» (JH, S. 161)

1914

Georges Victor-Hugo: Selbstporträt, 1914, Guernsey Museums.
Ich sah ihn oft wieder im Lauf des Jahres 1914, das ein paar Tage später begann. (JH, S. 163)
Sonntag, 29. Mai – Georges Victor-Hugo und seine Kinder wohnen der Zeremonie zum 29. *Jahrestag des Todes von Victor Hugo* im Panthéon, Rue Soufflot, Paris,

bei. (Société Victor Hugo, *Les fêtes de Victor Hugo à Guernesey*, Paris: Librairie Ollendorff, o.J., S. 93)
7. und 8. Juli – *Anfang Juli sollte auf Guernesey die Statue Victor Hugos von Jean Boucher eingeweiht werden. Mein Vater nahm uns mit, meine Schwester, meinen Bruder und mich, und entschied, über London zu fahren. Er reiste stets in größtmöglichem Luxus.* (JH, S. 164)
31. Juli – Ermordung des Sozialisten Jean Jaurès (1859–1914) in Paris.
2., 3., 4. und 7. August – Kriegserklärungen (François Nemer, *Cocteau*, S. 35; Pierre Chavot ; Jean-Denis Morenne, *l'ABCdaire de la Première Guerre mondiale*, Paris: Flammarion, 2008 (2003), S. 11).

1915

Als man ihn endlich Ende des Winters zu den Fahnen rief, sollte er bei der Zensur am Boulevard des Invalides Zeitungen zerschneiden. Das war ganz und gar nicht «die Schlacht». Nicht den Mut verlierend, begann er wieder zu finassieren. (JH, S. 168)
20. April – Tod von Adèle, der überlebenden Tochter Victor Hugos in Suresnes (*Les fêtes de Victor Hugo à Guernesey*, S. 108).
Mai – Publikation: Victor Hugo, *Pro Patria*, Paris: Librairie Delagrave, Gedichtauswahl durch Georges Victor-Hugo und Gustave Simon (1848–1928; 2. Auflage 1916).
Juni – *Schließlich wurde er im Juni dem Stab einer Brigade zugeordnet und reiste an die lothringische Front.* (JH, S. 168)
September – Georges Victor-Hugo datiert sieben Zeichnungen in *Sur le Front de Champagne* 25., 26., 27., 28., 29. September [3]).
16. Oktober – *Der Enkel unseres Nationaldichters, auf eigenen Wunsch bei der Armee, war Gegenstand eines Tagesbefehls mit Verleihung der Croix de Guerre, aus Anlaß der Schlacht in der Champagne. // Victor-Hugo, Georges, Sous-Lieutenant im 171. Infanterieregiment, Verbindungsoffizier.* (*Les fêtes de Victor Hugo à Guernesey*, S. 111)
November – drei datierte Zeichnungen in *Sur le Front de Champagne*; manchmal durch Nennung des Monats.
Dezember 1915 – sechs datierte Zeichnungen in *Sur le Front de Champagne* (12., 25., 27. und 29. Dezember).

1916

Februar – fünf datierte Zeichnungen in *Sur le Front de Champagne* (4., 5., 14., 27. Februar [2])
März – zwei datierte Zeichnungen in *Sur le Front de Champagne* (5. und 15. März).
April – eine datierte Zeichnung in *Sur le Front de Champagne*.
16. Dezember – *Der Künstler Sem publiziert einen Artikel über die von Georges Victor-Hugo gefertigten Kriegszeichnungen* [...] *in der Zeitung* L'Illustration. [Er selbst] *erzählt, wie er eine Zeichnung fabriziert hat: «ich kolorierte leicht mit dem, was mir zur Hand war. Ein wenig Tabaksaft und ein Tropfen gesüßten Kaffees, das ergibt*

eine verblüffende Sepia; mit ein wenig Rotwein schafft man großartiges Blut, und, um die Erde, den allgemeinen Ton der Landschaft, diesen weißlichen Ton der Champagne zu erhalten, verdünnte ich ein wenig die an meinem Mantel klebende Kreide ... das war's schon!» Sem, «Un artiste inconnu», L'Illustration. (Anmerkung 4)

1917

Februar – Ausstellung von nach der Natur angefertigten Zeichnungen: *100 croquis de guerre par Georges V.-Hugo*, abgehalten im Musée de l'Union centrale des arts décoratifs im Pavillon de Marsan, Paris. *Nicht weniger zahlreich sind die einem einzigen Künstler gewidmeten Ausstellungen. Sie zeugen von großer Vielfalt, einer intelligenten freien Kultur und von Neugier. Hier nun die von 1905 bis 1920 gezeigten Schauen mit Werken von Philippe de Lassalle, Chinard, Odiot, Rossigneux, Giraldon, Edme Couty, Hippolyte Berteaux, Paul Renouard, Daniel Vierge, Toulouse-Lautrec, Jules Chéret, Willette, Steinlen, Barrère, Forain, Bernard Naudin, Méheut, Manzana-Pissarro, Duvent, Georges Victor-Hugo, René Piot, Gilbert Bellan.* (J.-L. Vaudoyer, *Le musée de l'Union centrale des arts décoratifs au pavillon de Marsan*, «Revue de l'art ancien et moderne», Paris: 1920, S. 24; S. 26)
Mai – letzter Ausflug Georges Victor-Hugos *an die Front von Noyon* [im Tal der Oise], *als Künstler anerkannt, beauftragt mit einer künstlerischen Mission durch das Unterstaatssekretariat der Schönen Künste* (Laëtitia Desserrières, S. 3; Zugang: 12. Dezember 2014).
Publikation von *Sur le Front de Champagne – Ferme de Navarin – 1915–1916* in 310 numerierten Exemplaren faksimiliert von André Marty, Paris: Devambez, Éditeur 43, boulevard Malherbes, MCMXVII (1917), datiert auf den 10. Oktober 1917. Da er mit den Faksimiles unzufrieden ist, koloriert Georges Victor-Hugo sie eigenhändig.

1918

Victor-Hugo Georges, Zeichnung, Selbstporträt, Paris, Louvre.
11. November – um elf Uhr morgens Unterzeichnung des Waffenstillstandes in Compiègne.

1919

28. Juni – Unterzeichnung der Versailler Vertrages, offizielles Ende, heißt es, des I. Weltkrieges.
7. August – Hochzeit Jean Hugos mit Valentine Gross (1887–1968).

1920

In seinem Album de soixante croquis et dessins sur la guerre *hat M. Georges Victor-Hugo, ausgezeichnet reproduziert von M. André Marty, die besten Blätter seiner schönen Ausstellung vom Februar 1917 im Pavillon de Marsan versammelt; dort findet man seine großen Qualitäten bezüglich Atmosphäre, Farben,*

«zeitlicher» Präzision à la Henry *Van de Velde* [1863–1957], *der Poesie und Exaktheit; bei ihm legt die Natur über den Schrecken und die Verwüstung ihren Schleier des Charmes; sie absorbiert den Menschen und dessen triste Aktionen.* (Clément-Janin, *Les Estampes, Images et Affiches de la Guerre*, Paris: Gazette des Beaux-Arts, 106, Boulevard Saint-Germain (VIè), 1919, S. 22.)
19. August: *Tags darauf, auf Guernsey, am Kai von Blanche-Roque, erwartete mein Vater uns, zwischen Farrell und Falla stehend, ob der Morgenstunde den Seidenschal hastig um den Hals geschlungen.* (JH, S. 175)

1921

18. Juni– Premiere der *Mariés de la tour Eiffel*, Theaterstück Jean Cocteaus; *Kostüme und Masken von Jean Hugo* (François Nemer, *Cocteau*, S. 54; Jean Cocteau, *Antigone* suivi de *Les mariés de la Tour Eiffel*, Paris: Gallimard, 2004 (1977; 1948, S. 73).
13. August – Hochzeit François Hugos mit Andrée Decaux (1898–1980; Geneanet: Zugang: 14. Dezember 2014; http://gw.geneanet.org/garric?lang=fr&p=francois+victor&n=hugo).

1925

Neujahr. Auf Besuch, findet Jean Hugo den Vater leidend vor (JH, S. 248).
Ende Januar – *Gegen Monatsende rief mein Bruder mich an: «Papa hat eine Lungenstauung.»* (JH, S. 248) Es gibt keine Hoffnung mehr!
1. Februar – *Mein Vater wollte einen Priester sehen. Bei Mme Cocteau und anderswo war ich dem Abbé Mugnier begegnet, dem Bekehrer von Huysmans und Coppée und begeisterten Bewunderer Victor Hugos.* (JH, S. 248)
4. Februar – *Eines Abends, im Badezimmer am Ende des Flurs, auf Knien, die Ellbogen auf dem Rand der Badewanne, betete ich zum ersten Mal.* (JH, S. 250)
5. Februar – *Tags darauf, am 5. Februar, war Abbé Mugnier um elf Uhr morgens mit mir in dem unbelegten Zimmer, das uns zugleich als Salon und Schlafraum diente, als meine Schwägerin plötzlich aus dem Zimmer meines Vaters kam und sagte: «Es ist vorbei. – Ich werde ein* De profundis *beten», sagte der Abbé.* (JH, S. 250)
6. Februar – *Tags darauf wurde mein Vater eingesargt.* (JH, S. 251)
9. Februar – *Die Beerdigung fand drei Tage später um halb zehn Uhr morgens statt.* (JH, S. 251)

1927

14. Juni – Infolge des Testaments von Georges Victor-Hugo schenken seine jüngere Schwester Jeanne und seine Kinder Jean, Marguerite sowie François Victor-Hugo Hauteville House ihrem Land Frankreich (JH, S. 277–279; Graham Robb, S. 536; PH, S. 19).

1929

Schenkung von sechzehn Werken Georges Victor-Hugos an das Musée du Louvre durch Hector Gustave Brame.

1931

Posthume Publikation des Buches: *Mon Grand-père*, Text und Zeichnungen von Georges Victor-Hugo, Paris: Librairie de France (*Aquarelles et Dessins de Georges Victor-Hugo (1868–1925). Exposition du 8 au 25 avril 2008*, Paris: Galerie Normand, 2008, S. 2; 5).

1953

Erwerb der Sammlung mit Kunstwerken über den I. Weltkrieg von dem Bibliothekar und Sammler Hanns Heeren (1893–1964, einst Flieger im «Großen Krieg»), darunter *Sur le Front de Champagne*, durch die Universitäts- und Landesbibliothek in Münster in Westfalen. Schenkung einer Sammlung primär impressionistischer Werke an das Musée du Louvre durch Carle Dreyfus, darunter elf Werke Georges Victor-Hugos, die damals nicht ausgestellt wurden.

2001/2002

Entdeckung der Faksimile-Mappe mit *Sur le Front de Champagne* im digitalisierten Katalog der Universitäts- und Landesbibliothek Münster.
26. Februar 2002 – am 200. Geburtstag Victor Hugos erste Präsentation der nach *Sur le Front de Champagne* angefertigten Diapositive bei einer Abendveranstaltung in Münster in Westfalen.

2008

8. bis 21. November – Ausstellung *Menschen im Ersten Weltkrieg* mit Videopräsentation des Werkes *Sur le Front de Champagne* in Leer, Ostfriesland. Publikation einer Auswahl im Katalog gleichen Titels, der als PDF im Internet verfügbar ist.

2014

Publikation der Liste zur Sammlung zum «Großen Krieg» im Internet durch die Universitäts- und Landesbibliothek Münster in Westfalen.

2015

Eröffnung der Ausstellung «Im Westen nichts Neues?» am 26. Februar in Oldenburg. Entdeckung des Kriegstagebuchs von Otto Bernstorf (1888–1969), Französischlehrer, der auf der deutschen Seite des gleichen Frontabschnitts diente und berichtet, daß die Soldaten aus dem Großherzogtum Oldenburg und aus Ostfriesland stammten.

2015–

Wanderausstellung mit Stationen in Hannover, Berlin, Ulrichsgymnasium Norden, Köln, Leipzig, Cäcilienschule Wilhelmshaven, Otto-Hahn-Gymnasium Böblingen, Mediathek | Institut Culturel Franco-Allemand de Tübingen ...

IM WESTEN NICHTS NEUES? KATALOG DER UNBEKANNTEN ZEICHNUNGEN GEORGES VICTOR-HUGOS *SUR LE FRONT DE CHAMPAGNE* (1915/1916)

Direkt nach dem Leben gezeichnet, sind die Werke dieses Albums tatsächlich etwas Neues von der Westfront, da etwa der berühmte Roman *Im Westen nichts Neues* von Erich Maria Remarque (1898–1970), deutsch im Januar 1929 erschienen, im Nachhinein geschrieben wurde.

Der 1930 erstmals gezeigte Film und vielfache Neuausgaben und Übersetzungen des Buches haben für das Verschwinden anderer zeitgenössischer Werke gesorgt, wie *Soldat Suhren* (1927) des Schriftstellers und Malers Georg von der Vring (1889–1968), der den Roman in Schulhefte schrieb, als er am Mariengymnasium in Jever, Friesland, Kunstlehrer war. Unter dem Titel «Kennen Sie Böcklin?» kann man in einem Kapitel über die Kunst in Kriegszeiten lesen: «Meyer kennt das Gewehr. Das Gewehr ist seine Braut. Und wie er mit ihr umgeht! Schneidig! Meyer ist der Mann, der alles kennt. Er kennt Corinth und Böcklin, Hindenburg und Rembrandt, Frankreich und Deutschland.»[22]

Gleichaltrig mit Georges Victor-Hugo hatte sich der deutsche Künstler Georg Lührig (1868–1957), seit 1916 Professor an der Akademie der Schönen Künste in Dresden, im Frühjahr 1915 an die Champagne-Front begeben, wo er 183 Werke fertigte, darunter einen «Langbärtige[n]. Bildnis» (Nr. 22), einen «Französische[n] Garten» (Nr. 50), wie ihn ein Tourist zeichnen würde, «Doppelposten im Schützengraben» (Nr. 66), datiert auf den 3. Juni 1915, die wirken, als hätten sie eine gewisse eher heroische Pose eingenommen, ebenso wie zwei «Stehende Schützen» (Nr. 102), datiert auf den 15. September, also zehn Tage vor Beginn der Offensive, an der Georges Victor-Hugos Regiment teilnimmt.

Für den Katalog der Ausstellung des Sächsisches Kunstvereins Dresden im Februar/März 1916 hat man Sorge getragen, nichts Schockierendes auszuwählen. Also tauchen «Zwei Köpfe von Toten» (Nr. 12) oder «Gefangene Franzosen I, II, blau» (Nr. 32, 33) und die zerstörten Häuser von Juniville (Nr. 124 und Nr. 128) nur in der Liste auf. Allein vertreten im Katalog ist «Gehöft in Juniville» (Nr. 123), ein Bild, das so beruhigend wirkt wie ein die pittoreske Realität getreu wiedergebendes Gemälde.[23]

Heinrich Vogeler, ein anderer deutscher Maler an der Westfront, läßt sich vor der Staffelei ablichten, und selbst mit der Farbstiftzeichnung «Ruinen in einem französischen Dorf» (1916) legt er noch Zeugnis ab von der Rolle des Künstlers, der «unter den neugierigen Blicken der Dorfbewohner» in seinem Garten arbeitet. Zu dem Zeitpunkt scheinen ihn die Grausamkeiten des Krieges, sogar die in Verdun, nicht über Gebühr zu stören.[24]

Betrachtet man nach dieser einführenden Skizze das Album *Sur le Front de Champagne*, sticht die Klarheit der darin enthaltenen Zeichnungen ins Auge, die

Klarheit, die dem Maler zufolge durch «diesen weißlichen Ton der Champagne» entsteht.[25]

«Im September [1915] werden» laut einer Einführung in das Studium des ‹Großen Krieges› «die Champagne und das Artois zu Schauplätzen eines großen Angriffs, der nichts einbringt: Franzosen und Briten stoßen auf den mörderischen Verteidigungsgürtel der Deutschen. Am 5. Oktober, als die Soldaten die Order haben, ohne Rücksicht auf die Gefahren vorzurücken, läßt Joffre alles stoppen. Auf beiden Seiten sind die Verluste beträchtlich.»[26]

Nr. 1. 25. September 1915, der erste Tag des Angriffs.
Datiert, spiegelt diese erste Zeichnung die Ereignisse, die parallel zu denen im Artois in Gang gesetzt und von Jean Hugo in seiner Autobiographie *Le Regard de la mémoire* (S. 42) ins Gedächtnis gerufen wurden. Die Soldaten beim Angriff, wie sie textlich und in wenigen Worten beschrieben sind, hat Georges Victor-Hugo genauso von hinten wie im Profil und von fern, aber auch schon tot gezeigt.

Nr. 2. Im Morgengrauen des 26. September 1915, vor dem Wald U.18.
Hier ist Georges Victor-Hugo direkt hinter der Front – in einem Feld, dessen Narben ebenso bereits zu sehen sind wie die Granatenexplosionen und -löcher.[27]

Nr. 3. Unsere Schützengräben am Rand der Straße nach Souain, eine Viertelstunde vor unserem zweiten Angriff.
Ein Maler in den Schützengräben – welcher Anblick des anstehenden Angriffs: Soldaten Schulter an Schulter, alle hinter ihren Gewehren! Das ist keine militaristische Pose, die Spannung ist greifbar.[28]

Nr. 4. Während des Angriffs vom 27. September.
Der Maler, über den sein Sohn wußte, er sei «erfüllt [von] Begeisterung und Kriegeseifer» (JH, S. 13), und dessen Vergangenheit ja von Kriegserinnerungen wie auch von Schlachtenbildern erfüllt war, mußte «an ‹der Schlacht› teilnehmen» (ebd.), um sich der Feuerlinie so sehr zu nähern.
Als Verbindungsoffizier ist er den Soldaten ganz nahe, dabei in großer Lebensgefahr durch seine Leidenschaft, nichts zu vernachlässigen, so daß der Tod noch einschneidender wirkt.[29]

Nr. 5. Wegschaffen meines verletzten Obersts, am Abend der Schlacht (27. September).
In seinem gezeichneten Tagebuch, sehr wahrscheinlich ein schlichter Spiralblock[30], zeigt uns Georges Victor-Hugo erst hier einen Offizier. Vielleicht war ihm so sehr danach, die bärtigen Frontsoldaten (*poilus*) zu beobachten, daß er auch nicht darauf verzichtete, die Sanitäter und den Schützengraben größer zu machen. An dieser Stelle geht diese Zeichnung über die Konvention hinaus, Militärgeschichte zu zeigen, wie es Georg Lührig tut, als er im Januar 1915 in Moronvilliers (Champagne) das Porträt seines Hauptmanns datiert (Nr. 42 des zitierten Katalogs).

Nr. 6. In unseren Gräben des Waldes U. 18: ein tapferer Kleiner, während des Bombardements auf die Brustwehr geklettert, zeigt der Artillerie an, daß wir zu kurz zielen (28. September 1915).
Ein sowohl beeindruckendes als auch berührendes Bild dieses kleinen Mannes mit dem Mut, sich mitten in der Schlacht ins freundliche Feuer zu stellen, um den Kameraden zu zeigen, was noch nicht per Funk übermittelt werden konnte.[31]

Nr. 7. Die Schützengräben im Wald U. 18, am Morgen des 29. September 1915.
Das Kriegstagebuch setzt sich fort, und es gilt, für wahr zu halten, daß der Maler diese Soldaten von vorn gesehen hat, selbst Soldat, der seinem Sohn zufolge, «sich den Kopf hatte scheren lassen und sorgfältig jeden Tag seine groben Nagelschuhe fettete» (JH, S. 13).

Nr. 8. Ein Toter in einem Granattrichter.
Um diesen Toten aus solcher Nähe gesehen zu haben, hätte Georges Victor-Hugo das Training mit Sohn Jean in Paris im August 1914 «beim Marschieren, als er seine neuen Treter einlief», nützen müssen, als «wir gemeinsam in Paris marschierten» (JH, S. 13).

Nr. 9. Vor dem Wald N. 14, am 29. September 1915.
Hier ist ein Bild von «‹der Schlacht›», im Gegensatz zur von Jean Hugo evozierten Pariser Szene: Am Tisch[32] «auf der Terrasse des Café Weber Rue Royale sehen wir doch plötzlich von der Place de la Concorde her einen Zug Dragoner einbiegen: mehrere darunter hatten keine Lanze mehr, einige waren ohne Helm, und einer trug einen Kopfverband. [...] was wir gesehen hatten, verhieß nichts Gutes.» (JH, S. 13) Diese beiden Bilder, das vom Vater gezeichnete wie das vom Sohn beschriebene, stehen jenem «im Redaktionssaal» gegenüber, den Jean Hugo erwähnt, wo «nur vage Gerüchte kursieren» (ebd.). Es erstaunt zu sehen, wie die Massenmedien von 1914 wie jene audiovisuellen der Jahre 1990/1991 während des ersten Irakkrieges mit Bezug auf die brutale Wirklichkeit des Krieges die Kunst der Camouflage und des Kaschierens teilen. Um diesen Schleier zu durchdringen, bedarf es der bildenden Künste und der Schreibkunst (vgl. Herbert Müllers «Soldat im Irak», S. 62).

Nr. 10. Man bringt uns einen [Boche] Deutschen, der sich seit dem 25. unter Tannenzweigen versteckte (29. September).
Zunächst nannte man sie die *Alboches*, zum Beispiel im Roman *Les Soldats de la guerre. Gaspard* von René Benjamin (1885–1948): das heißt die Alemannen ebenso wie die Schweine. Über die Frauen denken sie kaum weniger klischeebehaftet: «–Ich warte auf das Ballett, sagte Gaspard, und wir werden mit den kleinen deutschen Frauen tanzen.» (*Gaspard*, S. 13) Für Georges Victor-Hugo gibt es nach bald 14 Monaten endlosen Krieges und nach deren zwei für ihn an der Front nur noch *Boches*. Aus der Froschperspektive vom Schützengraben aus gesehen, offenbart dieses Bild die vollkommen trostlose Verzweiflung eines allein gelassenen Menschen – ohne Kameraden, ohne Waffen, ohne Essen.

Nr. 11. Vorbeitragen einer Bahre auf dem Schlachtfeld.
Liegt im Hintergrund die unaufhörliche Schlacht, ist im Vordergrund das Opfer des Augenblicks zu sehen.[33]

Nr. 12. Abstieg in einen Verbindungsgraben.
Auch Georges Victor-Hugo muß recht mutig gewesen sein, um diesen Abstieg gesehen zu haben, der eher als Flucht zu bezeichnen ist, oder er hat ihn gut im Nachhinein imaginiert. Es geht um einen Abstieg, um sich vor dem Feuer zu retten – im Gegensatz zu «Einer Fahrt hinab zum Mahlstrom», der Erzählung Edgar Allan Poes, für die der deutsche Künstler Jochen Stücke (*1962) eine Serie von Holzschnitten gefertigt hat.[34]

Nr. 13. Ecke eines unserer Versorgungsgräben.
Gut ist hier die Beschaffenheit des Versorgungsgrabens zu erkennen und die Ausrüstung der Soldaten, deren einige in der Ecke sprechen, was einem «Coin de rue» (Eine Straßenecke) ähnelt, den Georges Victor-Hugo auf Guernsey realisiert hatte (GN, S. 4).

Nr. 14. Eine kleine Abteilung im Verbindungsgraben von Uriage, am Morgen [November 1915].
Ergriffen von der Liebe zur Panoramaansicht eines Bistros mit «Types de Guernesey» oder der «Rue à Guernesey, le soir» (Straße auf Guernsey, des Abends), wo er jedoch ein Individuum oder einen erleuchteten Laden mit kleinen Jungen im Matrosenanzug vor dem Fenster hervorhebt, präsentiert Georges Victor-Hugo diese Soldatengruppe von oben, wie sein Großvater es mit Paris in dem berühmten Kapitel von *Der Glöckner von Notre-Dame* (1831) getan hatte.[35] Der Maler muß auf die Brüstung gestiegen sein. Oder er hat die Szene sehr gut imaginiert. Manchmal ist Schreiben vor Ort weniger gefährlich als nach dem Leben zu zeichnen, es sei denn, man bedient sich in solchen Situationen seiner räumlichen Vorstellungskraft.

Nr. 15. Untergeordnete deutsche Verteidigungsanlagen, umgestürzt von unserer Artillerie (Befestigungsanlagen von Wagram). [November 1915]
Die Stacheldrahtverhaue (wörtlich: Hecken) im Hintergrund belegen den Eindruck eines Tohowabohus, dem sich niemand entziehen kann. Georges Victor-Hugo hat das Foto «Einer Ecke im Dorf Souain, in der Champagne, zerstört im November 1915» gemacht, das die Verwüstungen durch die Kanonade realistisch offenbart, während die eigene Zeichnung die Trümmer der deutschen Befestigungen viel expressiver zeigt, die Details mitunter so grotesk ausdrückend, daß sie immer noch Angst einjagen.[36] Eher beruhigend wirken da eher das Foto des Dorfes wie auch das Porträt des Künstlers als Soldat, das ebenfalls aus dem November 1915 stammt: Georges Victor-Hugo mit Käppi, auf einem Brett stehend, das über einen Schützengraben führt.
Während einiger Monate hätte er den Weg eines jungen deutschen Künstlers kreuzen können: «Von November 1915 bis Dezember 1916 befindet sich Otto Dix (1891–1969) an der Front in der Champagne und kämpft im Artois wie an der Somme. Er fertigt ein *Selbstportrait als Schießscheibe* [Bautzen 1915] wie auch zahlreiche sehr deskriptive Zeichnungen (fast 600) – Schützengrabenszenen, Kriegsbauten usw., wo der Schrecken diskret bleibt [...]. 1924 schafft er *Der Krieg*, eine Serie von 50 Radierungen zum Thema Krieg, sehr roh, blutig, wo Schrecken und Grauen an Goya erinnern [...] wie *Der tote Wachtposten im Graben*.»[37]

Nr. 16. Ankunft des Pinard [billiger Wein].
Die Ankunft des billigen Weins für die Frontsoldaten – Vermischtes aus dem Krieg, was uns Georges Victor-Hugo als Beobachter des ganzen Lebens offenbart, er, dessen Getränk

1914 «ein Export Curaçao» war, «gemischt aus Wermut und Curaçao» (JH, S. 13), das Getränk eines Dandys in gewissem Alter.

Nr. 17. Verbindungsoffizier & Arbeiter.
Die Arbeitsteilung im Landheer: das ist selten im Werk Georges Victor-Hugo, der aus dem Alltagsleben immerhin «Jeune fille se déshabillant» (Junges Mädchen beim Entkleiden) oder einen «Pierre Louÿs, malade» (Pierre Louÿs, erkrankt) realisiert (GN, S. 19; S. 18).

Nr. 18. Die Ablösung verläßt die Straße von Souain gen Verbindungsgraben zu den vordersten Linien. [27.12.1915]
Drei Monate nach dem Beginn der Offensive, nach der zweiten Weihnachtspause, welche die Generäle auf beiden Seiten nicht wollten,[38] sieht man vor den laublosen Bäumen mit dem Zeichner die Ankunft derer, die es den Beobachtern erlauben werden, Fronturlaub zu nehmen. Vor diesen nackten Kulissen einer Winterlandschaft eignet dem Kriegs nichts Heroisches mehr. Die Position des Künstlers ist jener, die für «Voiliers sur mer» (Segler auf dem Meer) eingenommen wurde, recht ähnlich, welche Arbeit er wahrscheinlich an Bord eines Bootes gemalt hat, weil auch die Küste zu sehen ist (GN, S. 23).

Nr. 19. Bombardement der Kirche von Souain. [Dezember 1915]
Erneut muß der Maler, «wenig geübt im Gebrauch seiner Beine» (JH, S. 13), da er ja Paris seit den 1870er Jahren zunächst mit seinem Großvater, dann mit den Damen, die er hofierte, in der Kutsche durchquert hatte, zu Fuß dorthin gegangen sein, um die Zerstörung aus der Nähe zu zeichnen.

Nr. 20. Der Verbindungsgraben, der zur Feuerlinie führt, vor dem Schützengraben der Wandalen. [25. Dezember 1915]
Unentwegt arbeitet er an der nachgerade topografischen Karte des Schlachtfeldes.

Nr. 21. Gefangener preußischer Volksschullehrer. [12. Dezember 1915]
Im Gegensatz zu seinem Sohn Jean trifft Georges die Deutschen nur als Gefangene, entweder einzeln oder in Gruppen (vgl. Nr. 54).[39] Hier frappiert, daß der Künstler, der in ferner Vergangenheit jungen Matrosen der französischen Marine Lesen, Schreiben und Rechnen beigebracht hatte, den Deutschen, einen übrigens traurigen und müden Mann, in der Legende durch seinen Beruf und seine preußische eher denn bayerische Herkunft identifiziert. Vielleicht entsinnt sich Georges, als ganz kleiner Junge mit dem Großvater über das Schlachtfeld von Sedan gegangen zu sein. Hier fertigt er das Porträt eines Individuums aus dem 1914–1918er Krieg.

Nr. 22. Die Vorhut der Ablösunq zieht auf der Straße von Souain nach Somme-Py. [29. Dezember 1915]
Einmal ist der Beobachter zu weit entfernt oder will sich nicht nähern, um die einzelnen Soldaten zu identifizieren, so den Eindruck vermittelnd, daß sie in Eile vorbeiziehen – im Gegensatz zur Zeichnung «Au Front» (An der Front; GN, S. 27), die er so komponiert hat, daß vorn der Soldat zu erkennen ist, während die Truppen sich nach hinten entfernen.

Nr. 23. Explosion einer 150er Granate. [Dezember 1915]
Hier hat er genau den Moment der Explosion erfaßt und zeigt diese drei Frontsoldaten, von denen nur einer stehen bleibt, während die anderen vor Ort Deckung suchen.

Nr. 24. Frontsoldat des 171ten.
Im Gegensatz zur Zeichnung des Preußen (Nr. 21), dessen Gesichtszüge undeutlich bleiben, trägt das Porträt eines französischen Soldaten, der fast in schwarzweiß in Szene gesetzt ist und kämpferisch wirkt, als Legende nur den Oberbegriff: (bärtiger) Frontsoldat und sein Regiment. Eher scheint er zu marschieren als zu stehen oder in Habachtstellung zu verharren (vgl. GN, «Jeune femme au chapeau»; Junge Frau mit Hut; S. 19).

Nr. 25. Ruhiger Morgen auf dem Schlachtfeld von Navarin.
Außer den in der Ferne explodierenden Granaten sieht oder hört man, bin ich versucht zu sagen, hier fast nichts vom Krieg an jenem Tagesanfang.

Nr. 26. Verbindungsoffiziere bei der Rückkehr vom Auftrag.
Mit etwas Distanz, vielleicht mit Hilfe eines Fernglases gesehen, zeigt uns Georges Victor-Hugo diese kleine Abteilung von zweien vor dem von der Nacht verdunkelten Horizont und dem Baum, den der Krieg gesprengt hat.

Nr. 27. Ein junger Jäger, der an eine Menge Dinge denkt. [‹Phantasien›]
Es sind weder die Träume noch die Visionen des Großvaters, welche dieser in Gedichte oder Romane oder auch Kunstwerke übersetzt hatte,[40] vielmehr sind es die Tatsachen des Krieges, die Georges Victor-Hugo dazu bewegen, einen, wie er weiß, noch jungen Jäger zu zeichnen.

Nr. 28. Skizze.
Auf hellem Hintergrund scheinen diese beiden Soldaten ganz und gar aktuellen Ereignissen und militärischen Fakten entrückt, als handelte es sich um eine Studie.

Nr. 29. Idem.
Der Frontsoldat rechts gleicht einem echten Pierrot, einem der «Types de Guernesey» (GN, S. 2), obwohl jener sich am Tresen eines Bistros befindet und er nur eine Mütze trägt und das Rot in der Uniform des Soldaten nur noch eine schwache Anspielung auf die in Friedenszeiten verwandte Farbe darstellt.

Nr. 30. Die Ufer der Ain.
Schwer zu sehen: die Ufer eines Flusses in dieser weißlichen und gewellten Landschaft.

Nr. 31. Das Gepäck eines Frontsoldaten in einem Schützengraben, der den Deutschen abgenommen wurde.
Den Angreifern mit seinem Zeichenblock folgend, muß sich Georges Victor-Hugo dort, wo ein Frontsoldat sein Gepäck samt Gewehr abgestellt hatte, ausgeruht haben. Ist er tot oder verletzt oder nur weggegangen, um einem Bedürfnis zu genügen?

Nr. 32. Die Entfernung von Schlamm in den Verbindungsgräben.
Der Regen und das schlechte Winterwetter sorgen dafür, daß die in diesen Gräben arbeitenden Soldaten Bergleuten gleichen, die ein expressionistischer Künstler zeichnet.

Nr. 33. Verstärkungen kommen aus ihren Unterständen nach dem Vorbeiflug eines deutschen Flugzeuges [der Rumpler-Taube].
Hier geht es nicht um eine Brieftaube, die 1914–1918 noch in Gebrauch war, sondern um ein *Taube* genanntes Flugzeug, erfunden und gebaut von Edmund Rumpler (1872–1940), Professor an der Akademie der Schönen Künste Wien.

Nr. 34. Potut reckt die Nase heraus, um ein deutsches Flugzeug [die Rumpler-Taube] zu sehen.
Im Wissen, daß es sich um ein Aufklärungsflugzeug handelt, hat der Soldat keine Angst, was im eher lockeren Text der Legende Bestätigung findet.

Nr. 35. Gräber der Deutschen [Boches] auf dem Schlachtfeld.
Diese Gräber wirken noch immer wie jene, die im deutsch-französischen Krieg von 70/71 mit Holzkreuzen und den Namen der Soldaten errichtet wurden.

Nr. 36. Idem.
Hier ist der Zeichner näher herangetreten, dabei zugleich die Diskretion wahrend. Heute gäbe es vielleicht Menschen, die gern wüßten, daß ihr Verwandter dort begraben wurde.

Nr. 37. Zurück zum Essenfassen nach der Arbeit.
Abermals arbeitet Georges Victor-Hugo an der Chronik der verschiedenen Abteilungen des Landheers mit: die Soldaten, die arbeiten oder es getan haben, oder die echten Kämpfer. Also läßt er eine ausschließlich männliche Welt sehen, der jegliche Transzendenz abgeht, wie sie in einem Mönchskloster greifbar wäre.[41] Für einen alten Kämpfer des I. Weltkrieges, der nicht von seinen Erfahrungen sprechen wollte, wäre die Freundschaft zu einem Mönch eine Lösung gewesen.[42]

Nr. 38. Unsere untergeordneten Verteidigungsanlagen zwischen der vordersten & der zweiten Linie. [der Schützengraben der Wandalen]
Verglichen mit Nr. 15, sieht man hier sehr gut die nach der Eroberung dieses Teils der Ferme de Navarin wieder hergestellte militärische Ordnung.

Nr. 39. Ein Frontsoldat verschafft sich etwas frische Luft.
Da ist ein wenig Ruhe mitten im Trubel des Krieges – wie sie Georges Victor-Hugo in seinem Aquarell «Femme endormie» (Eingeschlafene Frau) realisiert (GN, S. 10). Von hinten gesehen wie «Dora, vue de dos», 1910, das Porträt von Georges' zweiter Frau, weiß sich dieser Frontsoldat vielleicht nicht beobachtet, während die eingeschlafene Frau, deren Gesichtszüge nicht erkennbar sind, von vorn gezeigt wird.[43]

Nr. 40. Das Schlachtfeld von Navarin, aus einem Observatorium.
Dieser Beobachtungsposten gibt ihm fast eine Vogelperspektive auf das Geschehen. Der Schrecken der Schlacht ist hier sichtbar wenn schon nicht hörbar dadurch, daß man sich entsinnt, beim jungen Georges Hugo gelesen zu haben: «–Also bin ich von tollem Wahn

gepackt, – oh ja, tollem Wahn! – mit aller Kraft, von ganzem Herzen zu schreien: Kameraden, Kameraden, kommt nicht hierher! Bleibt auf den Feldern, befahrt die Meere auf euren guten Barken. Kommt nicht hierher, wo ihr die Demütigung kennenlernen, wo ihr den Haß verstehen werdet.» (*Souvenirs d'un matelot*, S. 279)

Nr. 41. Unser Schützengraben in vorderster Linie im Wald P. 15, 30 Meter vor den feindlichen Linien.
Beim genauerem Hinsehen ist die Feuerlinie auf Grund der bruchstückhaft erhaltenen Bäume leicht zu erkennen.

Nr. 42. Die Place de l'Opéra. [Schwarzer Humor: Ironie!]
Gemeinsam ist alles! – lange vor Anna Gavaldas Roman *Ensemble, c'est tout*! – jedoch spielt Georges Victor-Hugo mitten im Krieg auf das bürgerliche Leben an, woran die Idee mit der Oper erinnert, die er realisiert hat in «Au concert Mayol»[44] oder «Dans une rue animée» (In einer belebten Straße; GN, S. 7; S. 6).[45]

Nr. 43. Der Jäger Schatz, Elsässer, bringt dem Oberst einen nicht explodierten Torpedo der Deutschen [der Boches], den er im Feuer vor den Schützengräben der vordersten Linie suchen gegangen war.
Wie auch für einige seiner Porträts benennt Georges Victor-Hugo sein Sujet, und abermals ist der Offizier nur in der Legende präsent (vgl. Nr. 5; GN, S. 18: Mademoiselle Moussa; Pierre Louÿs).

Nr. 44. Ein getarnter Kommandoposten.
Statt das provisorisch kaschierte Gebäude zu betrachten, studiert man lieber die drei Frontsoldaten, deren einer durch das weißliche Licht des Hintergrunds, wo die Landschaft verschwindet, jede Farbe verloren zu haben scheint. Er besteht nur aus Konturen.

Nr. 45. Die Hütte, auf der Straße von Souain nach Somme-Py.
Zum dritten Mal zeigt uns der Künstler die Straße von Souain nach Somme-Py, dieses Mal im milden Licht eines Wintertages (vgl. Nr. 18 und Nr. 22).

Nr. 46. [Vincent,] [u]nser Postmeister.
Selten nur nennt uns Georges Victor-Hugo das Sujet seiner Porträts (vgl. Nr. 43), aber er nutzt hier auch eine besondere Schrift, die nur auf dem Porträt von «Pierre Louÿs, erkrankt» (GN, S. 18) zu finden ist und die uns ebenso an Vincent van Gogh denken läßt, den Namensvetter des Soldaten. Selbst an der Front in der Champagne scheint die Welt der Schönen Künste und der Belletristik stets nahe zu sein (vgl. Nr. 33).

Nr. 47. [Aufsteigende Granaten.] Granatenexplosionen im Morgengrauen.
Hier gibt es frühmorgens die «schreckliche Schönheit» der Schlacht, davon der irische Lyriker William Butler Yeats (1865–1939) weniger als ein Jahr nach dem gescheiterten Osteraufstand in Dublin vom April 1916 sprechen wird.[46]

Nr. 48. Artillerievorbereitungen: Bombardement unserer vordersten Linien & der Straße von Souain (4. Februar 1916).

Seine Rolle als Chronist der Schlacht wieder aufnehmend, wird Georges Victor-Hugo zum Journalisten dessen, was er gesehen hat, was er ebenfalls für die «Église St. André, Bordeaux, 2 mai 1916» (GN, S. 22) tun wird, wo im Gegensatz zu den präzisen Kriegsdetails das Innere verschwommen zu sein scheint. Das «Intérieur d'appartement» (Wohnungsinterieur; GN, S. 16) jedoch ist nicht weniger vage, als benötige er frische Luft, um die Dinge klar zu erkennen und abzubilden.

Nr. 49. Bombardement des 5. Februar. [Navarin.]
Abgesehen von den Stacheldrahtverhauen und wenigen übrig gebliebenen Bäumen sieht man nur das mörderische ‹Feuerwerk› dieses Vormittags.

Nr. 50. Ein Jäger des 19ten erklärt dem Oberst beim Essenfassen, wie er der Explosion des Munitionsdepots im Wald P. 15 entkommen ist (14. Februar).
Erst zum dritten Mal erwähnt der Künstler einen Offizier und zeigt doch nur das Porträt des Untergebenen. Die in die Luft gestreckte Messerklinge scheint ihm als Zeigefinger zu dienen (vgl. Nr. 5 und Nr. 43).

Nr. 51. Beginn des deutschen Angriffs: 27. Februar [1916 – 4 h. 35].
Noch eindringlicher als die Wirklichkeit des französischen Angriffs auf der Zeichnung «Au Front» (GN, S. 27) macht dieses Bild die «schreckliche Schönheit» des deutschen Angriffs greifbar, den der Künstler auf den französischen Schützengraben hat zukommen sehen.

Nr. 52. Ein junger Überlebender der Sache vom 27. Februar [19te Jäger].
Zurück in der Etappe, zeigt Georges Victor-Hugo als Zeuge und Überlebender der Schlacht, (vgl. Nr. 51), daß der Soldat immer noch Gewehr und Helm hat und sich ganz gerade hält wie der Jäger in «Une rue animée» (GN, S. 6).

Nr. 53. Im Schnee (5. März 1916). [Navarin].
Eine Gruppe Soldaten mogelt sich durch in einer Landschaft, beherrscht vom Winter und einem Horizont, wo nur die explodierenden Granaten aus dem weißen, grauen, gräulichen Ton aufsteigen. Das hat nichts mehr mit den eleganten Menschen in «Au Palais de Glace des Champs-Élysées» zu tun (GN, S. 12), die sich auf dem Eis vergnügen.

Nr. 54. Vorbeizug der Gefangenen auf der Hauptstraße von Suippes, [15. März 1916].
Suippes ist ein Dorf in der Champagne nahe der Front, genannt auf einer Webseite, wo weder Hugo Vater noch Hugo Sohn erscheinen.[47] Für das Frühjahr 1915 wurde der Schriftsteller Guillaume Apollinaire (1880–1918) erwähnt.[48] Was Georges Victor-Hugo in seiner Kriegszeichnung zeigt, ähnelt stark «Une procession» (Eine Prozession; GN, S. 11), wo nichts konkret ist. Doch in der Champagne trägt jeder sein Gewehr: «seine Verlobte» nach dem Roman Georg von der Vrings – wie bei Kriegsgefangenen üblich – nicht das religiöse Bild.

Nr. 55. Zwei unserer Gräber in einem Park in Suippes.
Die französischen Toten scheinen hier anonym zu sein.

Nr. 56. Der Schuster des 112ten Territorialregiments in einem alten deutschen Unterstand.

Es gibt einen Regimentschuhmacher, den der Künstler in ähnlicher Weise abbildet, wie er während der Belle Epoque den Pinsel auf dem Papier geführt hatte, um einen Tänzer mit seiner Musette zu zeigen: «Au café-concert» oder eine «Chanteuse de cabaret» (Klubsängerin) oder eine «Femme au piano» (Frau am Klavier), im Profil gesehen, «L'acteur Duroc» oder schließlich einen «Peintre à son chevalet» (Maler an seiner Staffelei), von hinten gesehen (GN, S. 8/9; S. 15, S. 17, S. 20).

Nr. 57. Mein Verbindungsoffizier betrachtet Granaten.
Der Schuhmacher arbeitet für den Krieg, der Verbindungsoffizier ist dabei, ihn zu betrachten, um ihn zu ermöglichen.

Nr. 58. Verstärkungen warten in einem Verbindungsgraben nachts auf die Stunde des Angriffs (April).
Die Männer, eng beieinander stehend wie die Ölsardinen, warten auf den Angriff – das ist weder Arbeit noch Kontemplation. Dem Handwerker von Nr. 56 und dem Philosophen von Nr. 57, die jeder ihre individuelle und aktive Rolle haben, stehen die Kombattanten gegenüber, die sich noch nicht in der Hölle, aber schon in der Vorhölle befinden.

Nr. 59. In vorderster Linie, am Tag nach dem Angriff, 20 Meter von den Deutschen [den Boches] entfernt.
Die Ruhe nach dem Sturm – Georges Victor-Hugo hat sie ebenfalls gesehen – bestätigt abermals den Eindruck vom «sehr glaubwürdigen Maler des Großen Krieges», als welcher er im Katalog der Galerie Normand bezeichnet wird (S. 1).

Nr. 60. Ein Verwundeter im Krankenhaus von Châlons.
Was in Friedenszeiten für die Marine gilt: jenes Grauen vor «dem Haß» und angesichts «der Demütigung», welches der junge Georges Hugo kennengelernt hatte, das gilt in Kriegszeiten auch für die Infanterie. Das Album schließt mit der Zeichnung eines Verwundeten. In einem Zimmer gesehen, ähnelt der Rekonvaleszent jenem «Homme lisant sur son lit» (Lesender Mann im Bett; GN, S. 20) so stark, daß die Szene aus dem zivilen Leben und jene aus dem militärischen Leben vergleichbar werden, weil auf dem Nachttisch des Soldaten unter der Wasserkaraffe sein Helm liegt, als hoffe er, bald wieder an die Front zu können. Vielleicht ist es der Schriftsteller Blaise Cendrars (1887–1961), der zwar am 28. September 1915 den rechten Arm an der Front in der Champagne verloren hatte, von dem «man [aber] nicht sagte, daß sein Arm auf der Ferme de Navarin in der Champagne geblieben war» (JH, S. 112).[49]

1 Victor Hugo, *Choses vues [CV] 1849–1885*, hg. Hubert Juin, Paris: Gallimard, 1997 (1972), S. 567; *Carnets [Cs]*, in: *Œuvres Complètes. Voyages*, Präsentation: Claude Gély, Paris: Robert Laffont, 1987, S. 1053.

2 Zu einem 1879 von Charles Voillemot (1823–1893) gemalten Doppelporträt der Enkel, vgl. Jörg W. Rademacher, *Victor Hugo*, München: dtv, 2002, S. 159.

3 Zu einem Foto Oscar Wildes, aufgenommen vor seinem Paris-Besuch 1883, vgl. Merlin Holland, *Das Oscar-Wilde-Album*, übers. Ulrike Wasel und Klaus Timmermann, München: Blessing, 1998, S. 93.

4 Sem, «Un artiste inconnu», *L'Illustration*, Weihnachtsnummer (3850), 16. Dezember 1916. *Aquarelles et Dessins de Georges Victor-Hugo (1868–1925). Exposition du 8 au 25 avril 2008*, Paris: Galerie Normand, 2008, S.1 (GN; Vornamen und Lebensdaten vom Verfasser hinzugefügt). Georges Victor-Hugo, *Victor Hugo & Guernsey.* Treize aquarelles. Thirteen watercolours, hg. G. Stephen Cox, Guernsey: Toucan Press, 2013.

5 Die Zahlen variieren: Vgl. *Victor Hugo. Visionen eines Schriftstellers*, hg. Ernst-Gerhard Güse, Stuttgart: Hatje Cantz, 2008, S. 14; *Tintenauge und Schattenmund. Victor Hugos Zeichnungen*, hg. Françoise Chomard, Dietrich Hardt, Stuttgart: Hatje Cantz, 2008, S. 7.

6 Jacques de Lacretelle, *Les Vivants et leur ombre*, Paris: Grasset, 1977, S. 29 (*Les Vivants*).

7 1904 hatte Heinrich Vogeler eine Ausgabe der Märchen Oscar Wildes ausgestattet, übers. von Franz Blei (1871–1942) und Felix Paul Greve (1879–1948). Zur Titelseite des Märchens «Der Fischer und seine Seele», vgl. *Heinrich Vogeler. Künstler, Träumer, Visionär*, hg. Sabine Schlenker, Beate C. Arnold, München: Hirmer, 2012, S. 53. Vgl. auch Hanns Heinz Ewers, *Lustmord einer Schildkröte und weitere Erzählungen*, hg. Marcus Andreas Born und Sven Brömsel, Berlin: Die Andere Bibliothek, 2014, Frontispiz des Autors, der von einer Begegnung mit C.3.3 erzählt, dem «Haftnamen» Oscar Wildes, S. 181-192. Zu einer fiktiven Rekonstruktion der Freundschaft Vogeler/Rilke vgl. Klaus Modick, *Konzert ohne Dichter*, Köln: Kiepenheuer und Witsch, ^{3}2015.

8 Seit dem hundertsten Geburtstag Victor Hugos dient sein altes Haus an der Place des Vosges als Maison de Victor Hugo. Zu einem Photo vgl. Rademacher, *Victor Hugo*, S. 98.

9 Jean Hugo (JH), *Regard de la mémoire*, Arles: Actes Sud, 1989 [1983], S. 13. Vgl. Max Liebermann, «Trommelnder Soldat», Lithographie für *Kriegszeit*, Nr. 38, 5. Mai 1915, in: Bernd Küster, *Der Erste Weltkrieg und die Kunst*, Gifkendorf: Merlin, 2004, S. 35.

10 Paris: G. Charpentier et E. Fasquelle, 1896, drittes Tausend.

11 Vgl. «Voiliers sur la mer» (Segler auf dem Meer) und «Maisons en bord de mer» (Häuser am Meer), GN, S. 23/24.

12 «Souvenirs d'un matelot», *La Nouvelle Revue*, 1. September 1895, S. 55; Buchausgabe, S. 257. Leser der französischen Lyrik des 19. Jahrhunderts erinnern sich des Ausdrucks «l'ennui», ein Leitmotiv Charles Baudelaires (1821–1867) in seinem Gedicht «Spleen», in: *Les Fleurs du Mal/Die Blumen des Bösen*, übers. Monika Fahrenbach-Wachendorff, Stuttgart: Reclam, 2011 (1980), S. 216/217.

13 Paris: Librio, 1999 (1995; 1829).

14 «Le cimetière marin» [1920], in: *Anthologie de la poésie française*, Auswahl André Gide, Paris: Gallimard, 2003 (1949), S. 744 ; Übersetzung: Jörg W. Rademacher. Vgl. auch die Tuschzeichnung von Oliver Soskice (*1947), dem ich die Anregung zur Lektüre Valérys verdanke.

15 Pierre Hugo (PH), *Les Hugo: témoignage*, Monaco: Les Éditions du Rocher, 2007, S. 88.

16 Was Georges Victor-Hugo für Frankreich macht, erledigt der deutsche Romanist Victor Klemperer (1881–1960) für Deutschland, indem er für die Zensur arbeitet – erst nachdem er an der Westfront gewesen war. Erst im Winter 1916/1917 entdeckt Klemperer die Romane Victor Hugos seit den *Misérables*, die er seiner Frau laut vorliest. *Curriculum Vitae*, Berlin: Aufbau, 1996 (1989), Bd. 2, S. 512/513.

17 Georges Victor-Hugo hätte gut die Verse vorlesen können aus *Pro Patria*, Paris: Librairie de la Grave, 1916 (1915), die er mit Gustave Simon ediert hatte, dabei «die schönsten Gedichtes» auswählend, «die Victor Hugo über und für das Vaterland, *Pro Patria*, geschrieben hat» (S. V).

18 Sem, «Un artiste inconnu».

19 Zu einem Kontroversen auslösenden Märchen Heinrich Vogelers, einem Gedenkgedicht Laurence Binyons und dem Auszug eines Romans von Maurizio Ascari, vgl. *«Gesehenes». Literarische Bilder vom Ersten Weltkrieg: Eine Anthologie von Maler-Dichtern*, hg. Jörg W. Rademacher, in Vorbereitung bei Elsinor, Coesfeld.

20 Vgl. *Les Contemplations, Préface, Commentaires et Notes de Jean Gaudon*, Paris: Livre de poche, 1985 ; *Die Arbeiter des Meeres*, übers. von Lisa Haustein, Nachwort Herbert Kühn, Leipzig: Gustav Kiepenheuer, 1987 (1952); *L'Art d'Être Grand-père*, in: *Œuvres complètes. Poésie III, Präsentation von Jean Dela Broy*, Paris: Robert Laffont, 2002 (1985), S. 713-865.

21 Zu einer Bestätigung der Ansicht, daß es nicht nur die Großväter sehr bekannter Familien, sondern auch jene von Dir und mir sind, die ihre Geheimnisse aus dem «Großen Krieg» für sich behalten haben, vgl. den Roman von Jean Rouaud, *Les Champs d'honneur*, S. 9, Paris: Éditions de Minuit, 1990, S. 9. Einer Anregung auf jener Seite folgend, war es möglich, eine Vitrine mit den Fotos, Objekten und Briefen zu füllen, die als einzige Erinnerungen entweder eines Gefallenen oder eines Überlebenden geblieben sind, der es niemals vermochte oder wagte, davon zu sprechen und so unbewußt seinen Nachkommen die Aufgabe aufbürdete, die Rätsel um ein ganzes Jahrhundert komplexer und diffiziler Familiengeschichten zu lösen.

22 Georg von der Vring: *Soldat Suhren*, Coesfeld: Elsinor, 2016, S. 73. Im Essay «Gedanken im Kriege», «geschrieben im September 1914» und im November 1914 in einer Zeitschrift publiziert, nähert Thomas Mann (1875–1955) Kunst und Kriegskunst einander an *(Friedrich und die große Koalition*, Berlin: S. Fischer, 1916, S. 7-31 ; S. 10/11 ; S. 31) ; neu ediert in: *Schriften zur Politik*, Frankfurt am Main: Suhrkamp, 1978 (1970), S. 7-23 ; S. 8/9 und S. 207 zu den früheren Publikationsdaten.

23 *Bilder von der Front in der Champagne*, Sächsischer Kunstverein, Brühlsche Terrasse, 1916. Vgl. Georg Wolf (1882–1962), «Laufgraben vor zerschossenen Häusern in Charonne», Aquarell, 1916, wo der ganze Schrecken des Krieges greifbar ist. Das Bild findet sich in: Bernd Küster, *Der Erste Weltkrieg und die Kunst. Von der Propaganda zum Widerstand*, Gifkendorf: Merlin, 2008, S. 64.

24 Bernd Küster, *Heinrich Vogeler im Ersten Weltkrieg*, Bremen: Donat, 2004, S. 41 ; S. 43/44.

25 Zitiert nach Laëtitia Desserrières, «‹Quelques feuillets arrachés au carnet de guerre d'un artiste inconnu›: Georges Victor-Hugo», Anm. 1, Zugang: 12. Dezember 2014.

26 *l'ABCdaire de la Première Guerre mondiale*, Paris: Flammarion, 2008 [2003 ; 2001], S. 48.

27 Vgl. den Brief des deutschen Soldaten «Gotthold von Rohden, stud. Theol. in Marburg, geboren 4. Februar 1895 in Bielefeld und gefallen am 26. September in der Champagne», in: *Kriegsbriefe gefallener Studenten*, hg. Philipp Witkop, München: Albert Langen & Georg Müller, 1933, S. 117.

28 Vgl. Georg Wolf, «Soldat auf Wache an der Aisne», Öl auf Karton, 1916. Zum Bild vgl. *Der Erste Weltkrieg und die Kunst*, S. 65.

29 Der deutsche Dichter Ernst Toller (1893–1939) schreibt ein Anti-Kriegs-Gedicht: «Leichen im Priesterwald», in: *Gedichte gegen den Krieg*, hg. Kurt Fassman, Frankfurt: Zweitausendeins, 1961, S. 110. Er greift diese Wendung «Der Priesterwald» in seiner Prosabeschreibung der Front wieder auf, die Teil seiner Autobiographie ist: *Eine Jugend in Deutschland*, hg. und kommentiert von Wolfgang Frühwald, Stuttgart: Reclam, 2011, S. 64/65. Vgl. zu einem Gedicht des englischen Schriftstellers Ford Madox Ford (1873–1939), der später Soldat wurde: *«Gesehenes». Literarische Bilder vom Ersten Weltkrieg: Eine Anthologie von Dichter-Malern*, hg. Jörg W. Rademacher, in Vorbereitung bei Elsinor, Coesfeld. Rückblickend hatte die Künstlerin Käthe Kollwitz (1867–1945) Holzschnitte gefertigt mit den Titeln «Opfer» und «Kriegsfreiwillige», in: Louise Diel, *Ein Ruf ertönt. Eine Einführung in das Lebenswerk der Künstlerin*, Berlin: Im Furche-Kunstverlag, 1927, S. 10/11. Dagegen zeigte Renefer noch sorglose Männer, deren Sachen auf dem Marsch zur Kaserne an ihren Hacken über der Schulter hingen, in: René Benjamin, *Gaspard. 21 Bois Originaux de Renefer*, Paris: Fayard, 1915, S. 7.

30 Vgl. einen Videofilm von 03.03 Minuten Länge auf YouTube, publiziert am 23. Oktober 2014: «im Rahmen der Ausstellung ‹Von der Front gesehen. Den ‹Großen Krieg› darstellen› des Armeemuseums, entdecken Sie den Weg des Künstlers Georges Victor-Hugo im Verlauf des Konflikts».

31 Am gleichen Tag verliert der Schriftsteller Blaise Cendrars (1887–1961) beim Angriff auf die Deutschen den rechten Arm und kehrt hinkend zurück. Zu einem Foto von Cendrars und einem der

raren Briefe, in dem von der Verwundung die Rede ist, vgl. *Moravagine. Monsterroman*, nach der Übersetzung von L. Radermacher revidierte Übersetzung von Stefan Zweifel, Berlin: Die Andere Bibliothek, 2013, S. 286/287; S. 381.

32 Vgl. la «Femme attablée à un Café» (Frau an einem Tisch im Café), in: GN, S. 13.

33 Vgl. die bildhafte und von der Kriegserfahrung noch immer mehr als begeisterte Sprache, die Rudolf Requadt in seinem Bericht *Aus den Kämpfen um Lüttich von einem Sanitätssoldaten* verwendet (Berlin: S. Fischer, 1915, S. 26/27). Vgl. auch den Roman von Alexander Moritz Frey (1881–1957), *Die Pflasterkästen. Ein Feldsanitätsroman*, Coesfeld: Elsinor, (2011; 1929), S. 106/107.

34 Edgar Allan Poe, *A Descent into the Maelström. Une descente dans le Maelström. Eine Fahrt hinab zum Mahlstrom, Woodcuts by Jochen Stücke, Gravures en bois exécutées par Jochen Stücke, Holzschnitte von Jochen Stücke*, ins Deutsche übersetzt und kommentiert von Jörg W. Rademacher, Trier: WVT, 2009, S. 7.

35 *Notre-Dame de Paris, 1482, Préface de Louis Chevalier. Édition établie et annotée par S. de Sacy*, Paris: Gallimard, 1982 (1966), S. 165-192.

36 Vgl. zu einer kurzen Geschichte des Terminus «Grotesk», in der Victor Hugo eine herausragende Rolle spielte, den Artikel von Elisheva Rosen (aus dem Französischen übers. von Jörg W. Rademacher / Maria Kopp) in: *Ästhetische Grundbegriffe*, éd. Karlheinz Barck et al., Stuttgart: Metzler, 2001, S. 892-895.

37 *La Grande Guerre vue par les artistes et les écrivains (1914–1918)*, Paris: Librio, 2006, S. 43.

38 Vgl. den auf Deutsch geschriebenen Brief Gottholds von Rohden, in: *Kriegsbriefe gefallener Studenten*, S. 117-119; und die auf Englisch geschriebene Geschichte von Bruce Bairnsfather, «Christmas in the trenches», in: *Fifty Amazing Stories of the Great War*, London: Odhams Press, 1936, S. 435-439; S. 438/439.

39 Zu einer Gegenüberstellung je eines deutschen und französischen Infanteristen, vgl. *Der Erste Weltkrieg in 100 Objekten*, hg. Stiftung Deutsches Historisches Museum und WBG, Darmstadt, 2014, S. 66/67.

40 Vgl. *Victor Hugo. Visionen eines Schriftstellers*, «Katalog Nr. 64 & 39».

41 Vgl. «Souvenirs d'un matelot», *La Nouvelle Revue*, 1. September 1895, S. 55; S. 257.

42 Vgl. Jean Rouaud, *Les Champs d'honneur*, S. 44

43 Sehr wahrscheinlich hat er sie mit ihrer roten Haarpracht auch in «Femme à l'ombrelle, endormie» (Frau mit Sonnenschirm, eingeschlafen; GN, S. 14) gemalt. Vgl. jedoch «Soldat auf der Lauer», Öl auf Karton, 1916, von Fritz Steisslinger (1891–1957), wo der Soldat im Profil und rauchend zu sehen ist, während der Frontkämpfer Hugos von hinten gezeigt wird. Gerhard Schneider, «Maler im Unterstand: Fritz Steisslinger», in: *Der Erste Weltkrieg im Spiegel expressiver Kunst, Kämpfe, Passionen, Totentanz*, hg. Gerhard Schneider et al., Bönen/Westfalen: DruckVerlag Kettler, 2014, S. 228-255; S. 234 für das Bild.

44 Café-concert in Paris, etabliert 1867, unter diesem Namen zwischen 1895 und 1914 von Félix Mayol (1872–1941) geleitet. CENTRE NATIONAL DU PATRIMOINE DE LA CHANSON SOUTENU PAR LE MINISTÈRE DE LA CULTURE ET LA SACEM, Zugang: 26. Januar 2015. (http://www.lehall.com/consultez-l-histoire/lieux/concert-mayol)

45 Zu einem parodistischen Weltkriegsgedicht auf Englisch, vgl. James Joyce, «A Goldschmidt swam in a Kriegsverein», in: *Poems and Shorter Writings*, hg. Richard Ellmann et al., Londres: Faber and Faber, 1991, S. 119.

46 «Eine schreckliche Schönheit ist geboren», in: « Easter 1916 », in: *Yeats's Poems*, hg. A. Norman Jeffers, Dublin: Gill and Macmillan, 1992 (1989), S. 287-289; S. 287.

47 «Der touristische Rundkurs «Auf den Spuren der Armeen in der Champagne» vereint die Monumente von Navarin, des Blanc Mont, der Chapelle Russe, die Museen von Souain, Somme-py, Jonchery, des Camp de Suippes und der Gedenkstätte Main de la Massiges.» Zugang: 26. Januar 2015. (http://champagne1418.pagesperso-orange.fr/circuit/circuit.htm)

48 Vgl. Guillaume Apollinaire, «Exercice», in: *Anthologie de la poésie française*, hg. André Gide, Paris: Bibliothèque de la Pléiade, 2003 (1949), S. 809. Vgl. ebenso die Zeichnung von Giorgio de Chirico (1888–1978), «chant de l'horizon en champagne», S. 179, in: *Calligrammes* par Guillaume

Apollinaire, Paris: Librairie Gallimard, 1930. Das Gedicht findet sich auch in: *«Gesehenes». Literarische Bilder vom Ersten Weltkrieg: Eine Anthologie von Dichter-Malern*, hg. Jörg W. Rademacher, in Vorbereitung bei Elsinor, Coesfeld.

49 Vgl. *Moravagine*, S. 286/287 für ein Cendrars-Foto ohne rechten Arm und ebenso: S. 338 wegen eines fiktiven Lebenslaufes des Protagonisten, geboren am 16. August 1866 im Umland von Budapest, das heißt auf den Tag genau zwei Jahre vor der Geburt Georges Victor-Hugos in Brüssel. Zu einem Tagebuchausschnitt von Hermann Löns (1866–1914) und Gedichten seiner Kollegen August Stramm (1874–1915) und Georg von der Vring vgl. *«Gesehenes». Literarische Bilder vom Ersten Weltkrieg: Eine Anthologie von Dichter-Malern*, hg. Jörg W. Rademacher, in Vorbereitung bei Elsinor, Coesfeld.

50 Vgl. Alexander Lernet-Holenia (1897–1976), *Der Baron Bagge. Novelle,* Berlin: Fischer, 1936. «Man könnte die Arbeit ‹Stellung› einer Textstelle zuordnen, wie etwa auf Seite 22/23 meiner genannten Ausgabe: «Nun aber gelangten wir an die endlos von Osten nach Westen sich hinziehenden Linien unserer flüchtig eingegrabenen Infanterie ...» Aber eigentlich sind meine Bilder weniger Illustrationen zum Text, vielmehr geht es mir darum, die Atmosphäre der Erzählung, die Stimmung, das Traumhaft-Unwirkliche des ‹Zwischenreiches› in Bilder zu fassen.» (Herbert Müller an den Autor, 19. Januar 2015)

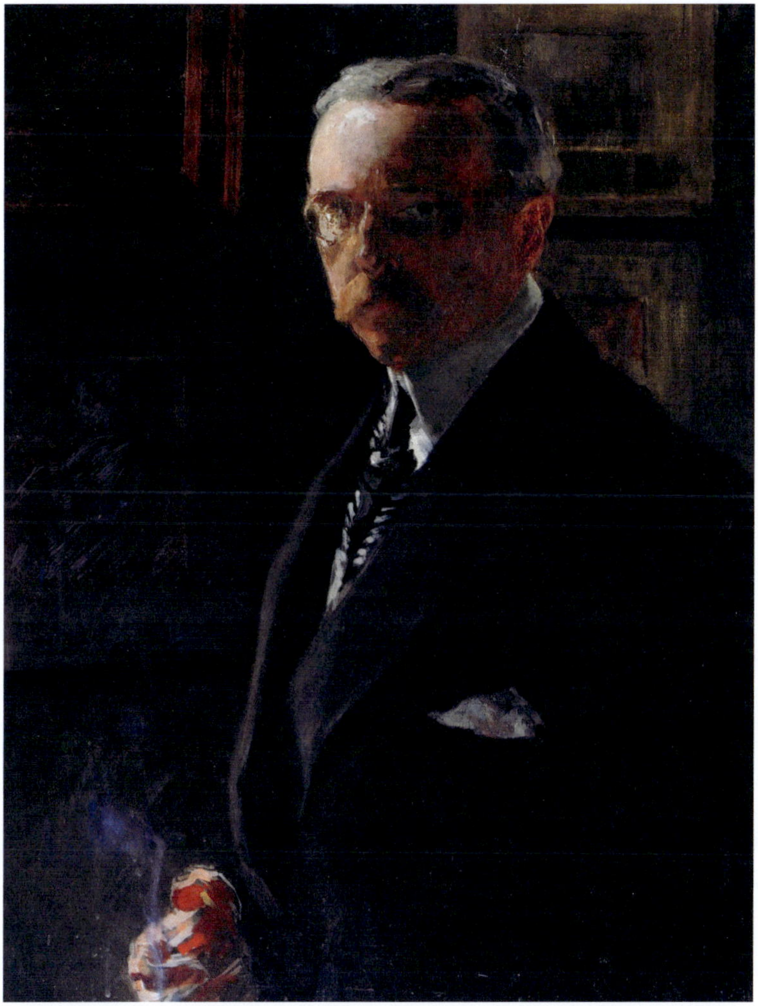

Georges Victor-Hugo: Selbstporträt, 1914: Öl auf Leinwand; ein Mann ohne Sorgen um seinen sozialen Rang

Autoportrait, 1914 : huile sur toile, Guernsey Museums and Galleries; un homme ne se souciant pas de son rang social

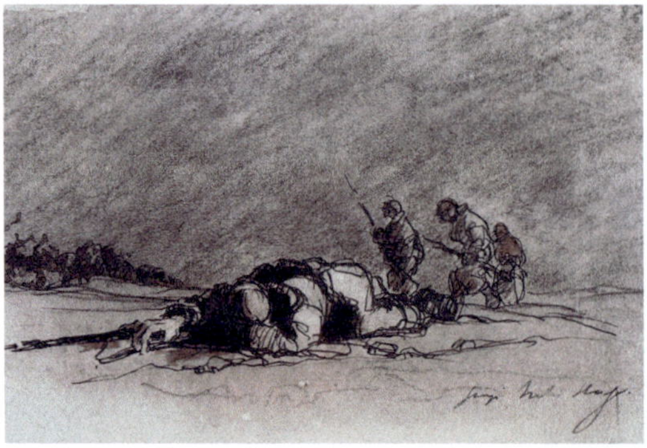

Nr. 1. 25. September 1915, der erste Tag des Angriffs.

No. 1. 25 septembre 1915, le premier jour de l'attaque.

Nr. 2. Im Morgengrauen des 26. September 1915, vor dem Wald U.18.

No. 2. A l'aube du 26 septembre 1915, devant le bois U.18.

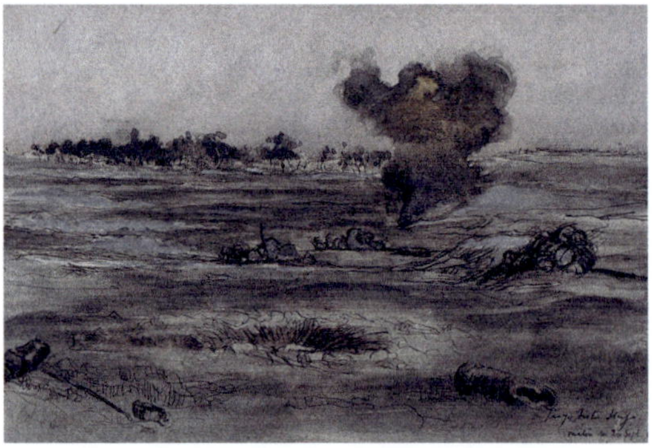

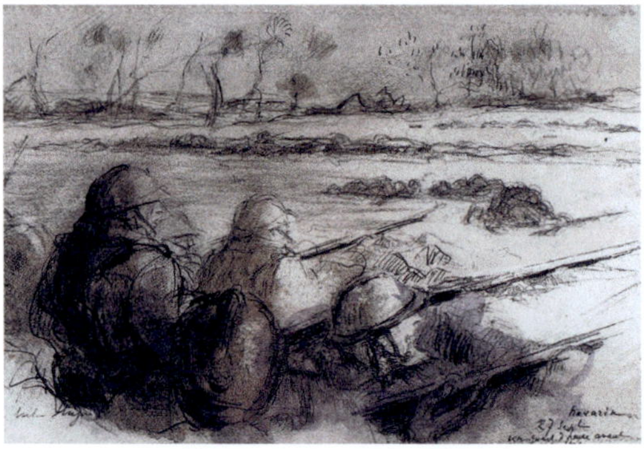

Nr. 3. Unsere Schützengräben am Rand der Straße nach Souain, eine Viertelstunde vor unserem zweiten Angriff.

No. 3. Nos tranchées au bord de la route de Souain, un quart d'heure avant notre deuxième attaque.

Nr. 4. Während des Angriffs vom 27. September.

No. 4. Pendant l'attaque du 27 septembre.

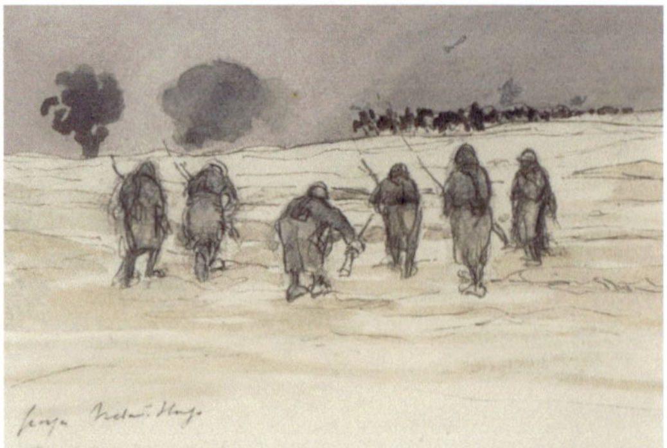

Nr. 5. Wegschaffen meines verletzten Obersts, am Abend der Schlacht (27. September).

No. 5. Enlèvement de mon Colonel blessé, le soir de la bataille (27 septembre).

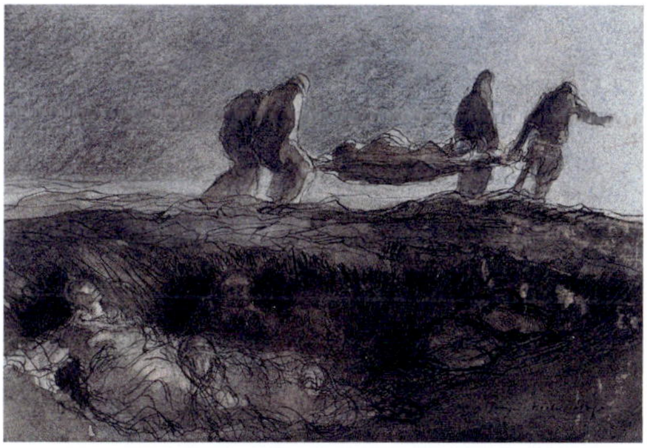

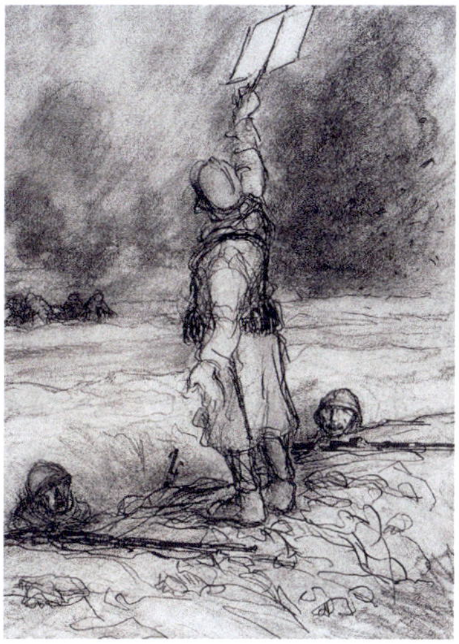

Nr. 6. In unseren Gräben des Waldes U. 18: ein tapferer Kleiner, während des Bombardements auf die Brustwehr geklettert, zeigt der Artillerie an, daß wir zu kurz zielen (28. September 1915).

No. 6. Dans nos tranchées du bois U. 18 : un brave petit, monté sur le parapet pendant le bombardement, signale à l'artillerie que notre tir est trop court (28 septembre 1915).

Nr. 7. Die Schützengräben im Wald U. 18, am Morgen des 29. September 1915.

No. 7. Les tranchées du bois U. 18, le matin du 29 septembre 1915.

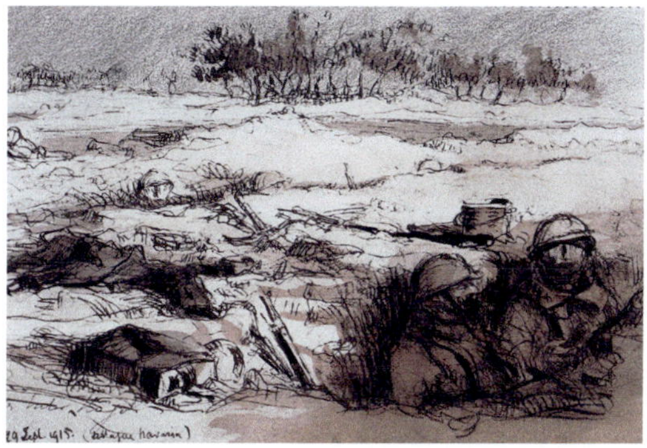

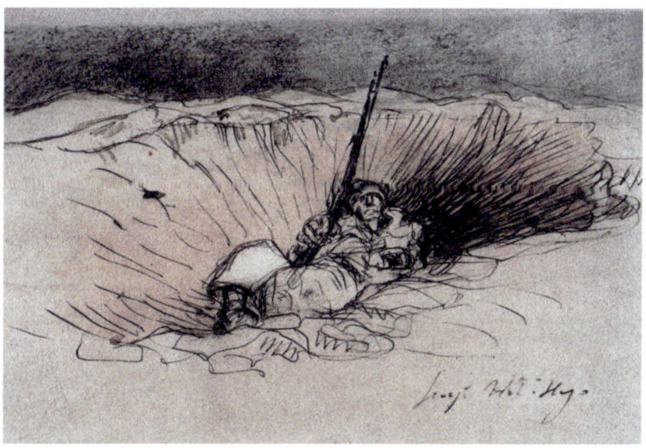

Nr. 8. Ein Toter in einem Granattrichter.

No. 8. Un mort dans un trou d'obus.

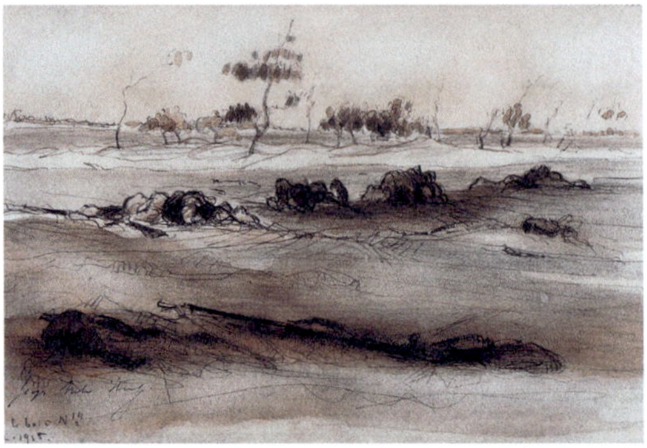

Nr. 9. Vor dem Wald N. 14, am 29. September 1915.

No. 9. Devant le bois N. 14, le 29 septembre 1915.

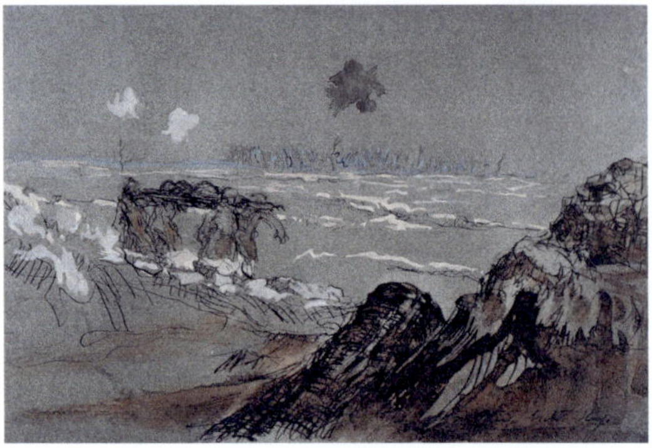

Nr. 11. Vorbeitragen einer Bahre auf dem Schlachtfeld.

No. 11. Passage d'un brancard sur le champ de bataille.

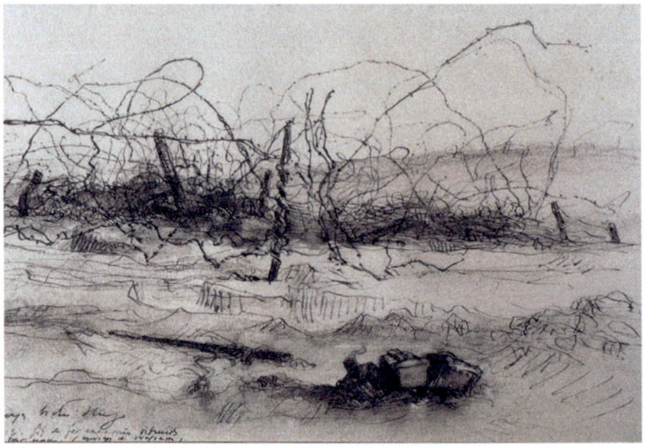

Nr. 15. Untergeordnete deutsche Verteidigungsanlagen, umgestürzt von unserer Artillerie (Befestigungsanlagen von Wagram). [November 1915]

No. 15. Défenses accessoires boches bouleversées par notre artillerie (ouvrages de Wagram). [novembre 1915]

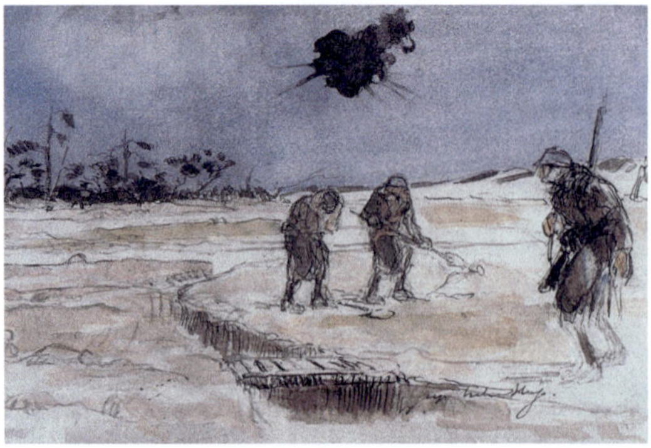

Nr. 17. Verbindungsoffizier & Arbeiter.

No. 17. Agent de liaison & travailleurs.

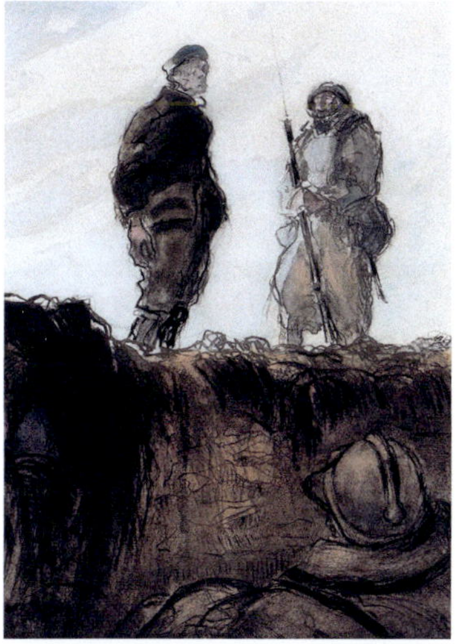

Nr. 10. Man bringt uns einen [Boche] Deutschen.
No. 10. On nous amène un boche

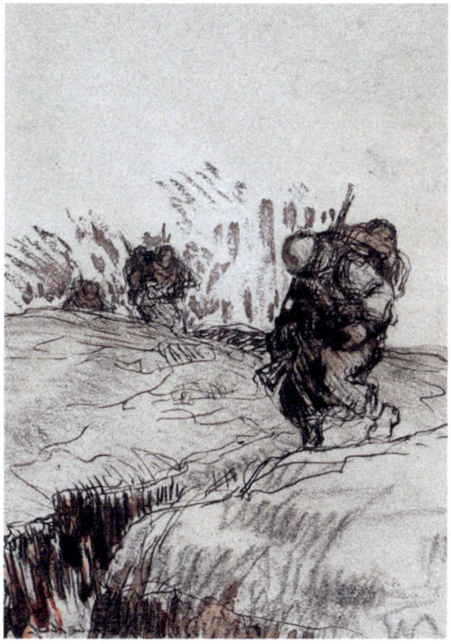

Nr. 12. Abstieg in einen Verbindungsgraben.
No. 12. Descente dans un boyau.

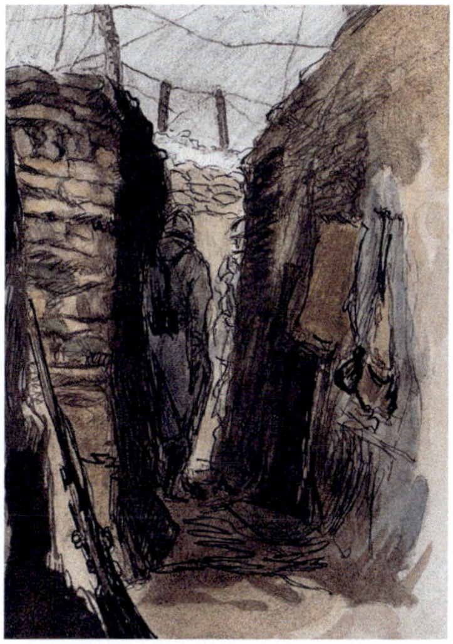

Nr. 13. Ecke eines unserer Versorgungsgräben.
No. 13. Un coin d'une de nos tranchées de soutien.

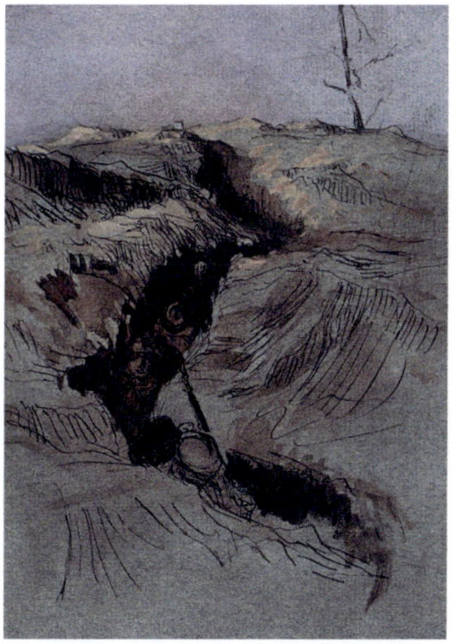

Nr. 14. Eine kleine Abteilung im Verbindungsgraben.
No. 14. Un petit détachement dans le boyau d'Uriage.

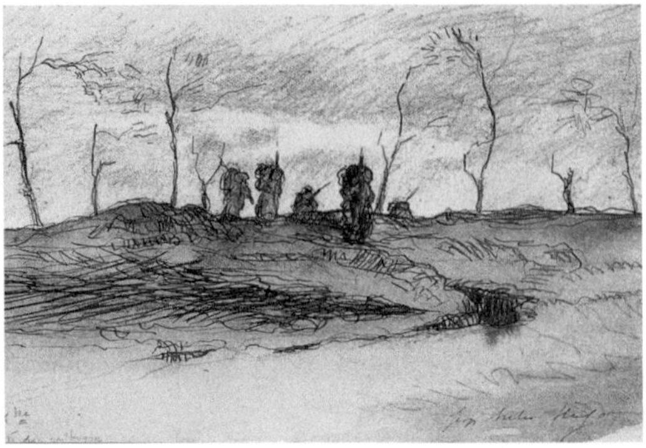

Nr. 18. Die Ablösung verläßt die Straße von Souain gen Verbindungsgraben zu den vordersten Linien. [27.12.1915]

No. 18. La relève quitte la route de Souain pour prendre le boyau qui mène aux premières lignes. [27/12/1915]

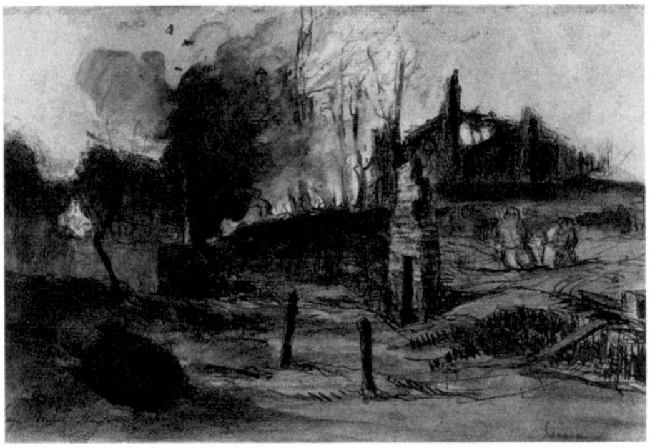

Nr. 19. Bombardement der Kirche von Souain. [Dezember 1915]

No. 19. Bombardement de l'église de Souain. [décembre 1915]

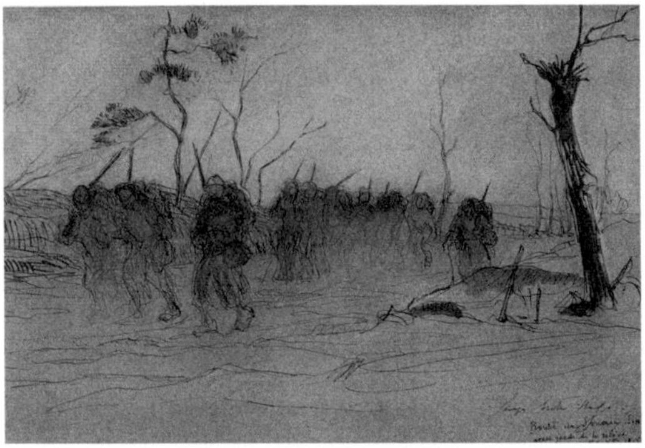

Nr. 22. Die Vorhut der Ablösung zieht auf der Straße von Souain nach Somme-Py. [29. Dezember 1915]

No. 22. L'avant-garde de la relève passe sur la route de Souain à Somme-Py. [29 décembre. 1915]

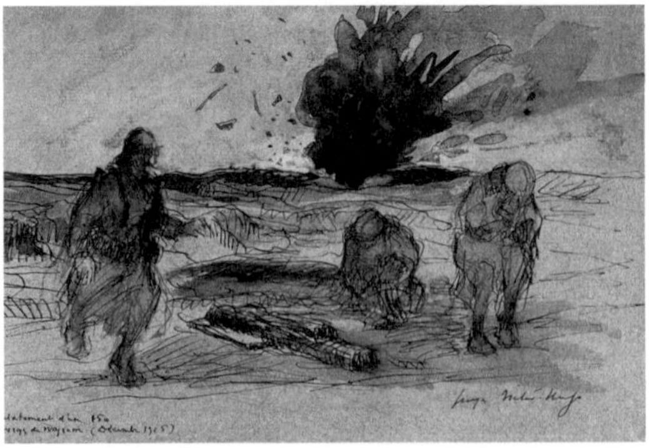

Nr. 23. Explosion einer 150er Granate. [Dezember 1915]

No. 23. Éclatement d'un obus de 150. [décembre 1915]

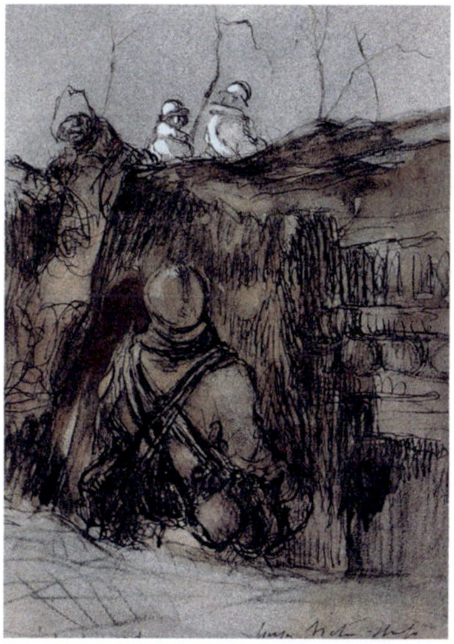

Nr. 16. Ankunft des Pinard [billiger Wein].
No. 16. L'arrivée du pinard.

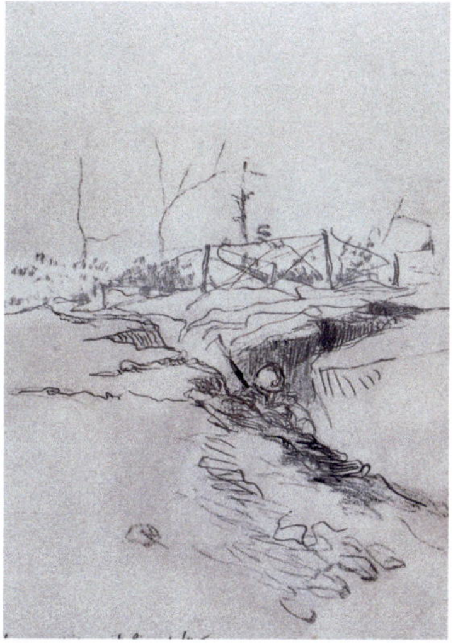

Nr. 20. Der Verbindungsgraben, der zur Feuerlinie führt
No. 20. Le boyau qui conduit à la ligne de feu.

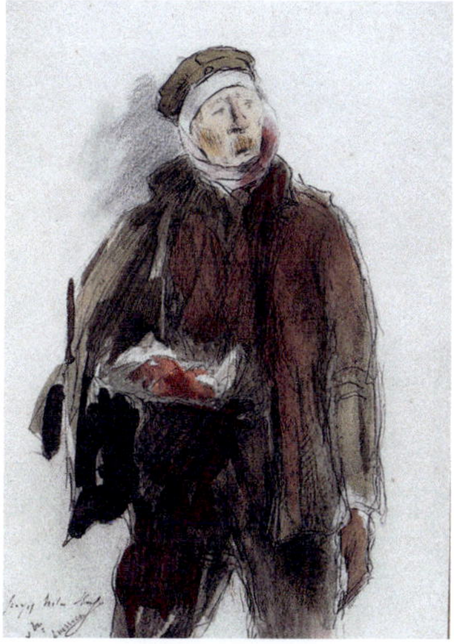

Nr. 21. Preußischer Volksschullehrer.
No. 21. Instituteur prussien prisonnier.

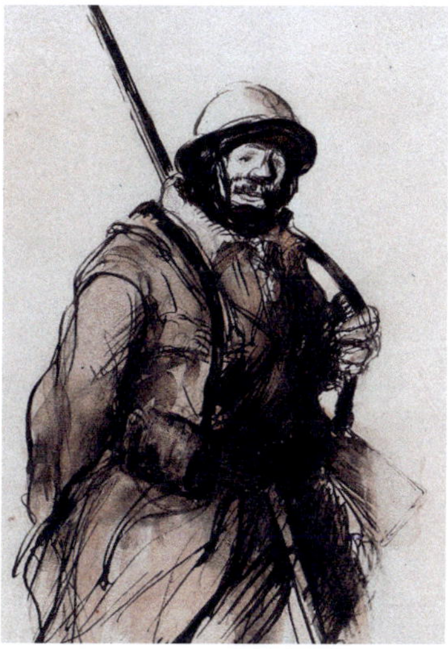

Nr. 24. Frontsoldat des 171ten.
No. 24. Un poilu du 171e.

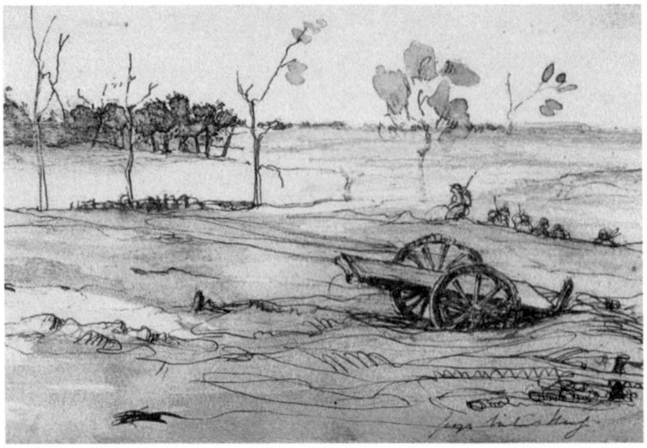

Nr. 25. Ruhiger Morgen auf dem Schlachtfeld von Navarin.

No. 25. Matinée calme sur le champ de bataille de Navarin.

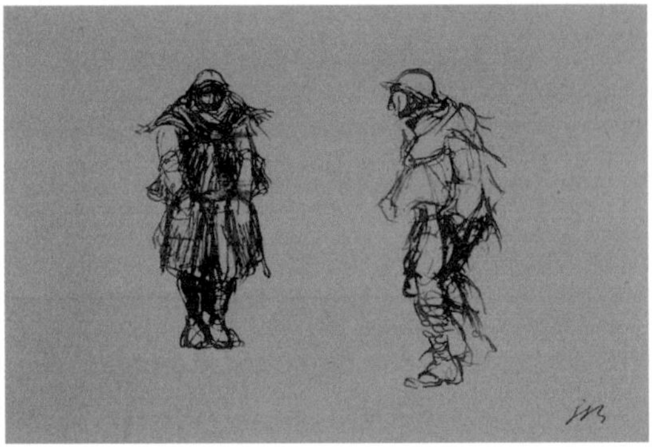

Nr. 28. Skizze.

No. 28. Croquis.

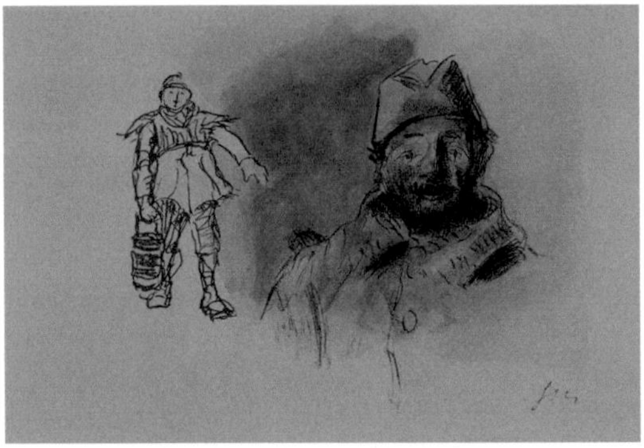

Nr. 29. Idem.

No. 29. Idem.

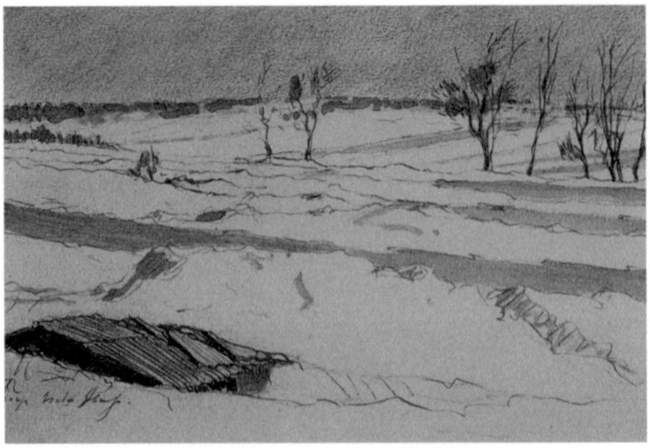

Nr. 30. Die Ufer der Ain.

No. 30. Les bords de la Ain.

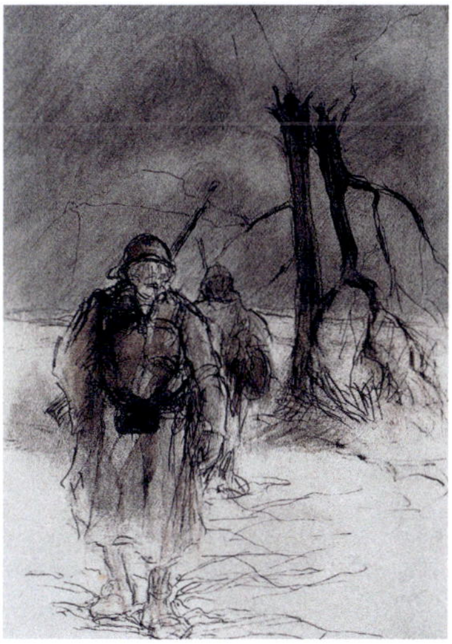

Nr. 26. Verbindungsoffiziere bei der Rückkehr.
No. 26. Agents de liaison rentrant de mission.

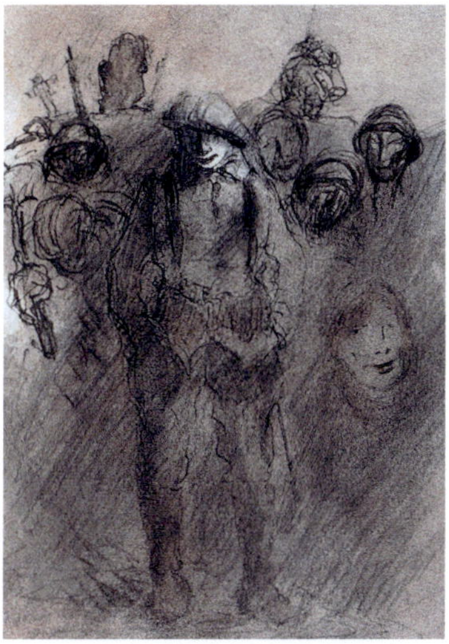

Nr. 27. Ein junger Jäger.
No. 27. Un jeune chasseur.

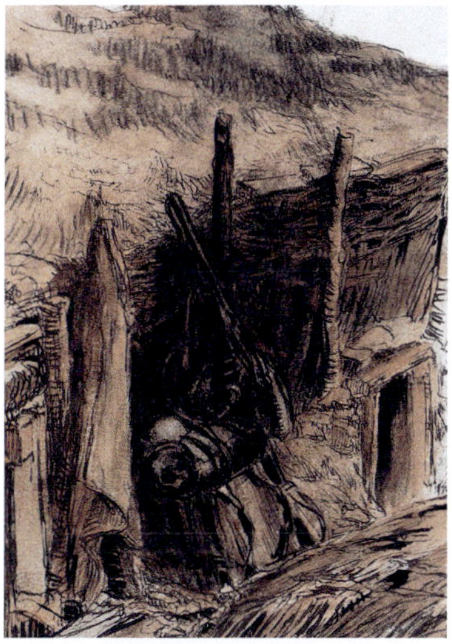

Nr. 31. Das Gepäck eines Frontsoldaten.
No. 31. Le barda d'un poilu.

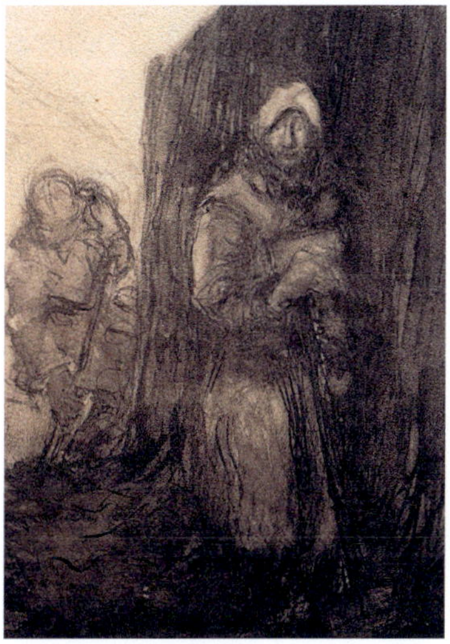

Nr. 32. Die Entfernung von Schlamm.
No. 32. L'enlèvement de la boue

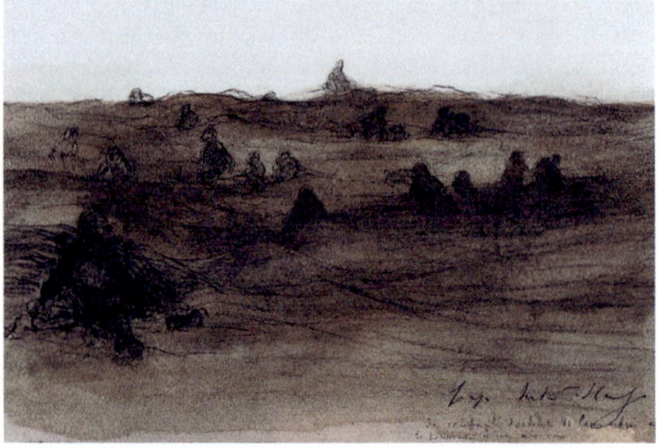

Nr. 33. Verstärkungen kommen aus ihren Unterständen nach dem Vorbeiflug eines deutschen Flugzeuges.

No. 33. Des renforts sortent de leurs abris après le passage d'un Taube [d'un avion boche].

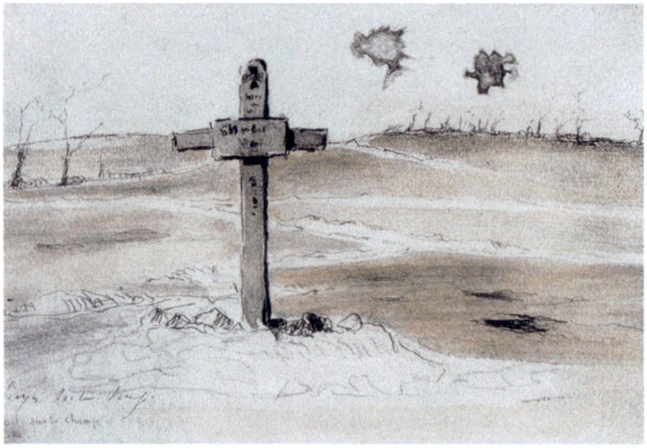

Nr. 35. Gräber der Deutschen [Boches] auf dem Schlachtfeld.

No. 35. Tombes boches sur le champ de bataille.

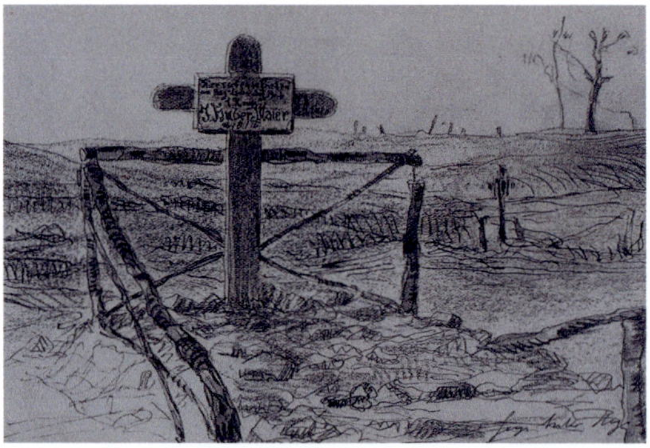

Nr. 36. Idem.

No. 36. Idem.

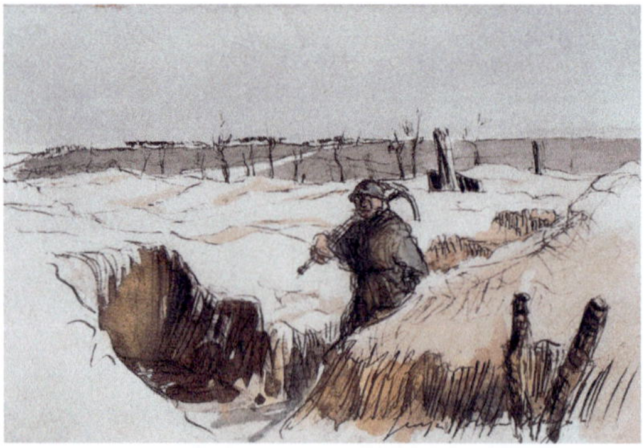

Nr. 37. Zurück zum Essenfassen nach der Arbeit.

No. 37. Retour à la soupe après le travail.

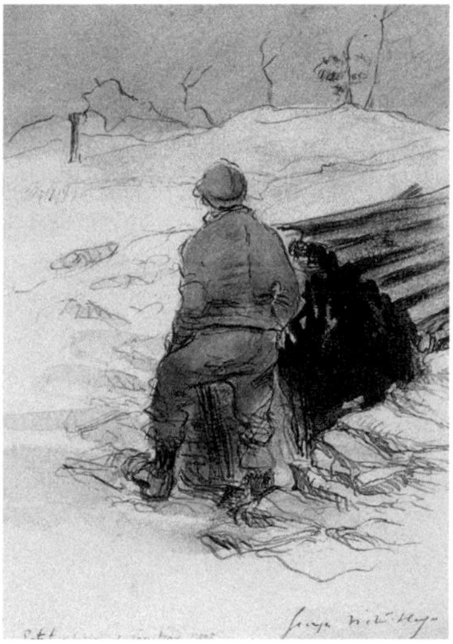

Nr. 34. Potut reckt die Nase heraus.
No. 34. Potut met le nez dehors pour regarder voler un Taube *[un avion boche].*

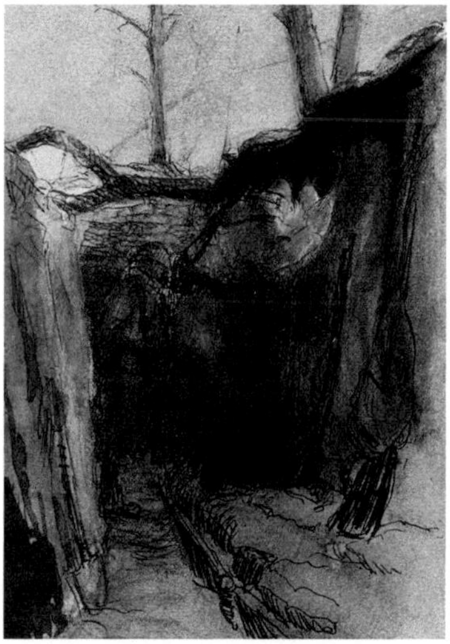

Nr. 41. Unser Schützengraben in vorderster Linie.
No. 41. Notre tranchée de première ligne.

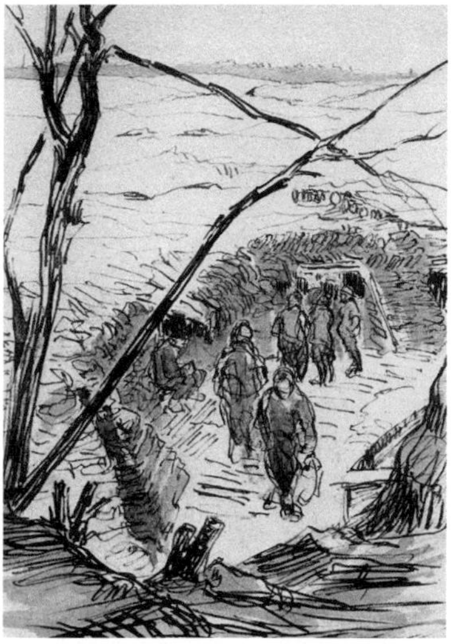

Nr. 42. Die Place de l'Opéra.
No. 42. La place de l'Opéra.

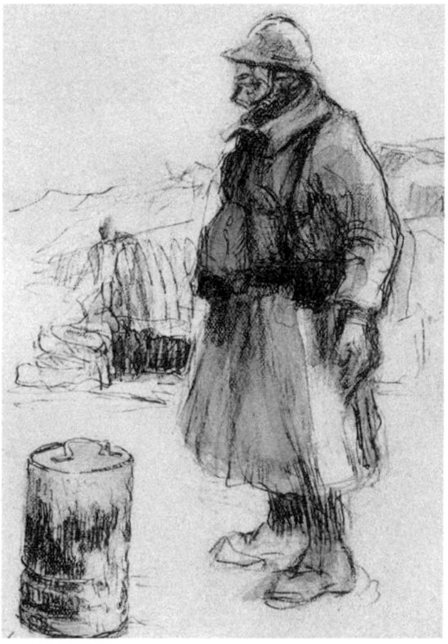

Nr. 43. Der Jäger Schatz.
No. 43. Le chasseur Schatz.

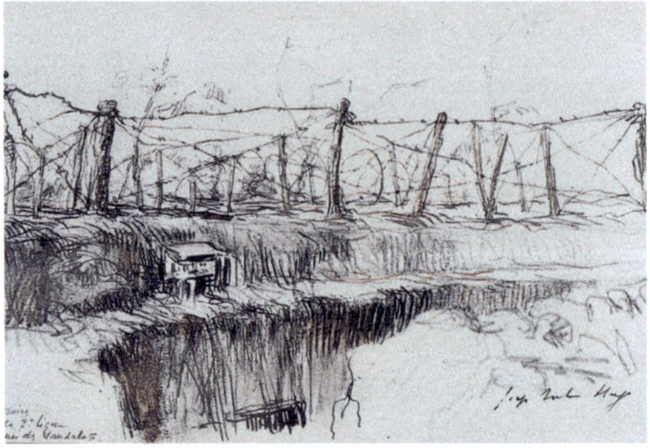

Nr. 38. Unsere untergeordneten Verteidigungsanlagen zwischen der vordersten & der zweiten Linie.

No. 38. Nos défenses accessoires entre la première & la deuxième ligne. [La tranchée des Vandales]

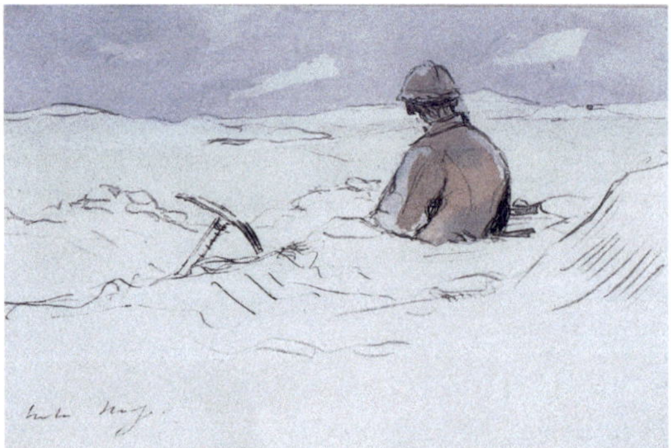

Nr. 39. Ein Frontsoldat verschafft sich etwas frische Luft.

No. 39. Un poilu prend un peu d'air.

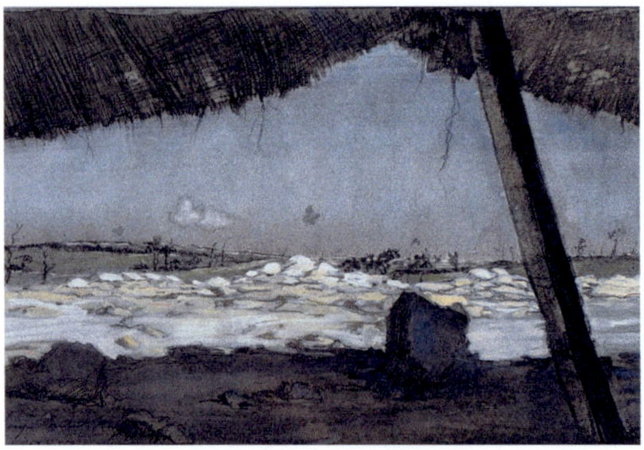

Nr. 40. Das Schlachtfeld von Navarin, aus einem Observatorium.

No. 40. Le champ de bataille de Navarin, vu d'un observatoire.

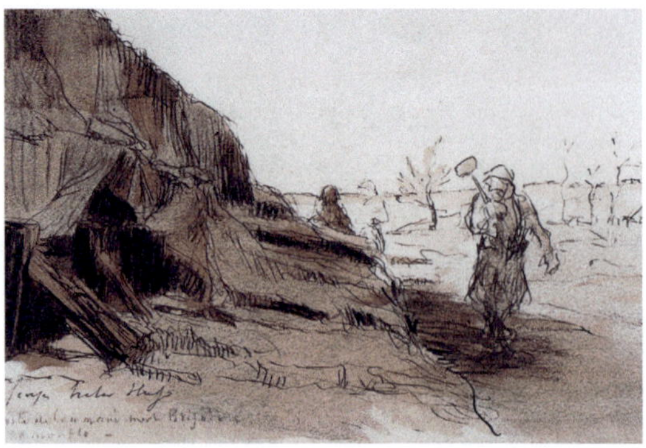

Nr. 44. Ein getarnter Kommandoposten.

No. 44. Un poste de commandement camouflé.

Nr. 45. Die Hütte, auf der Straße von Souain nach Somme-Py.

No. 45. La Cabane, sur la route de Souain à Somme-Py.

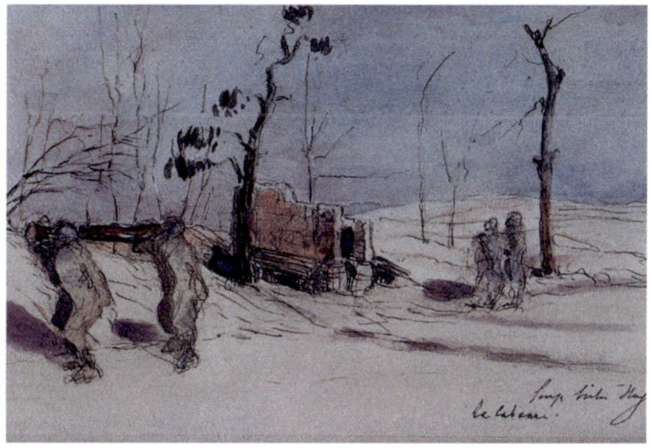

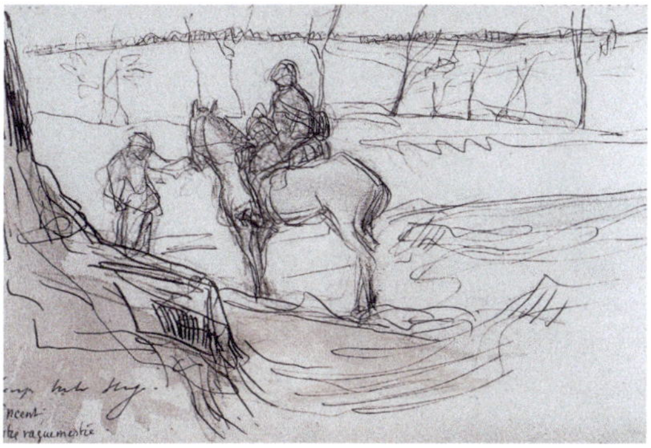

Nr. 46. [Vincent,] [u]nser Postmeister.

No. 46. [Vincent,] Notre vaguemestre.

Nr. 47. [Aufsteigende Granaten.] Granatenexplosionen im Morgengrauen.

No. 47. [Obus fusants.] Éclatements de fusants au crépuscule.

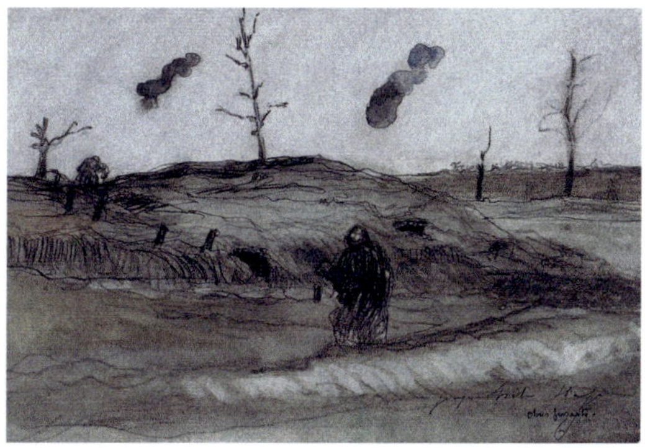

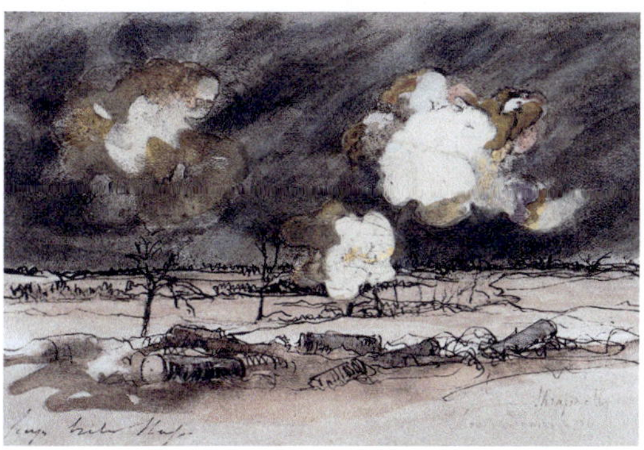

Nr. 48. Artillerievorbereitungen: Bombardement unserer vordersten Linien & der Straße von Souain (4. Februar 1916).

No. 48. Préparation d'artillerie : bombardement de nos premières lignes & de la route de Souain (4 février 1916).

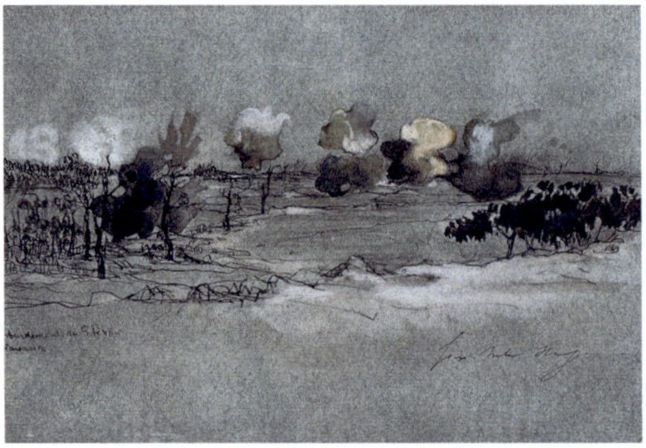

Nr. 49. Bombardement des 5. Februar. [Navarin.]

No. 49. Bombardement du 5 février. [Navarin.]

Nr. 51. Beginn des deutschen Angriffs: 27. Februar [1916 – 4 h. 35].

No. 51. Le départ de l'attaque allemande : le 27 février [1916 – 4 h. 35].

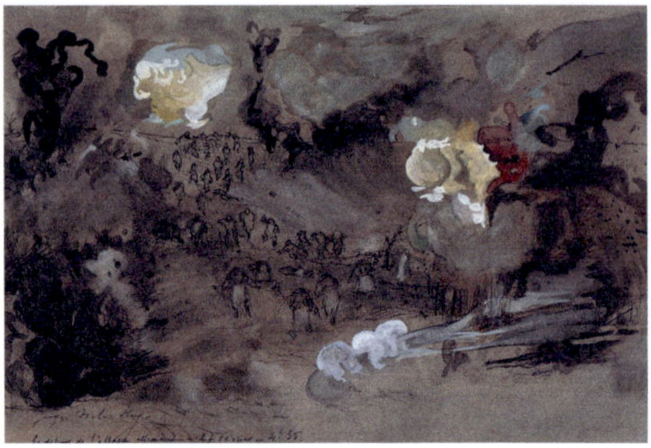

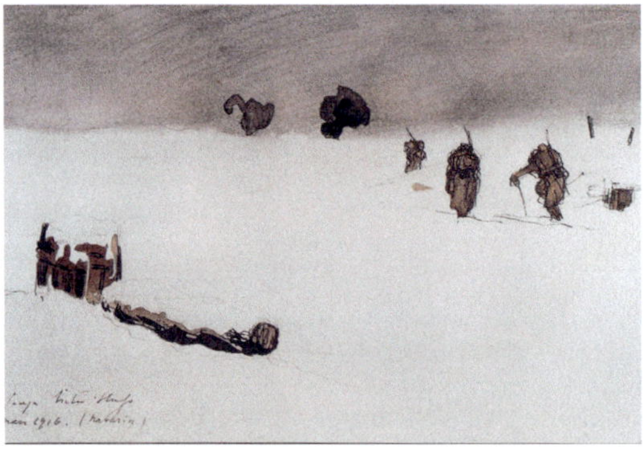

Nr. 53. Im Schnee (5. März 1916). [Navarin].

No. 53. La neige (5 mars 1916). [Navarin].

Nr. 54. Vorbeizug der Gefangenen auf der Hauptstraße von Suippes, [15. März 1916].

No. 54. Passage de prisonniers dans la grande rue de Suippes, [15 mars 1916].

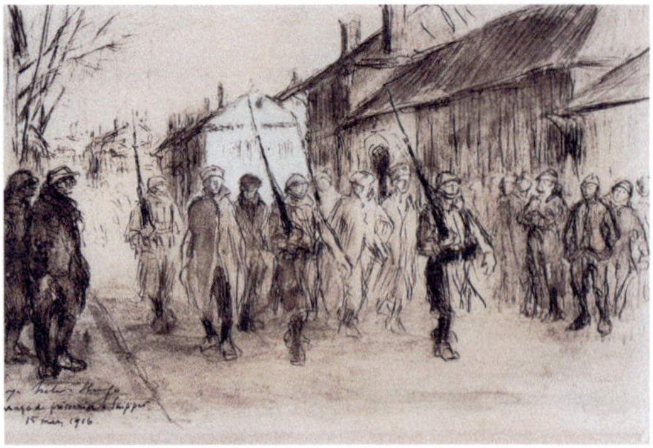

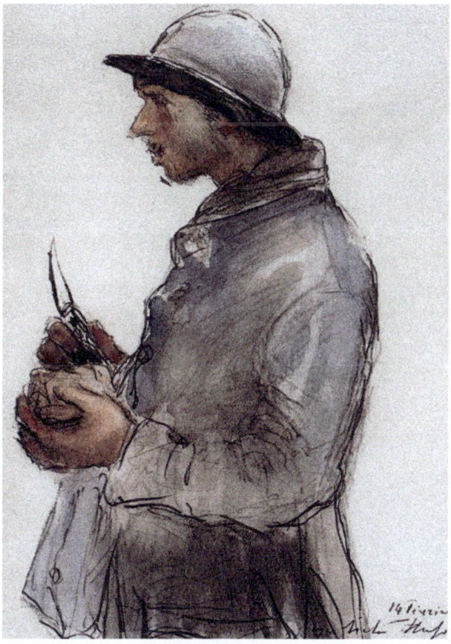

Nr. 50. Ein Jäger des 19ten.
No. 50. Un chasseur du 19è.

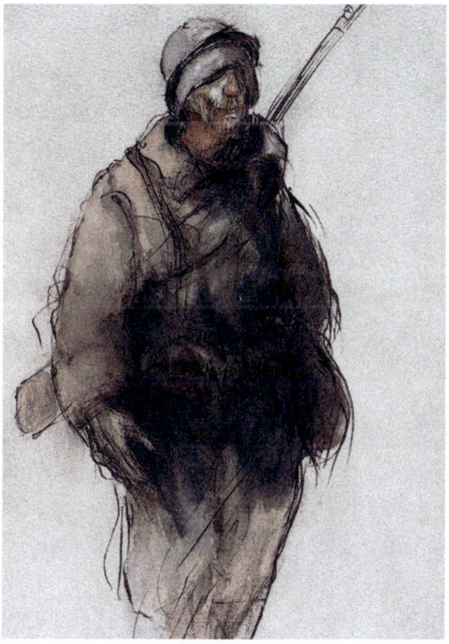

Nr. 52. Ein junger Überlebender.
No. 52. Un jeune rescapé de l'affaire du 27 février

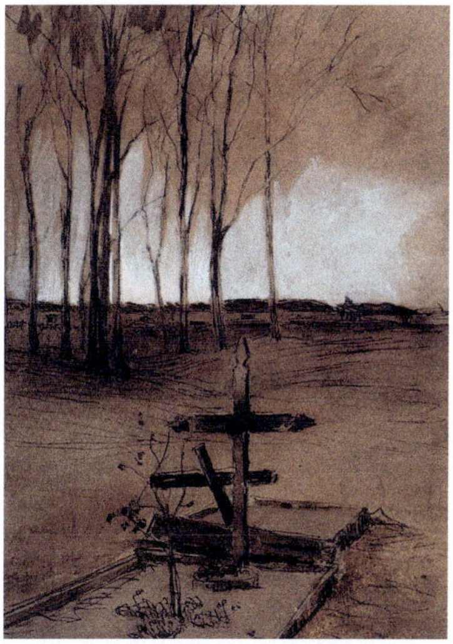

Nr. 55. Zwei unserer Gräber in einem Park in Suippes.
No. 55. Deux de nos tombes dans un parc à Suippes.

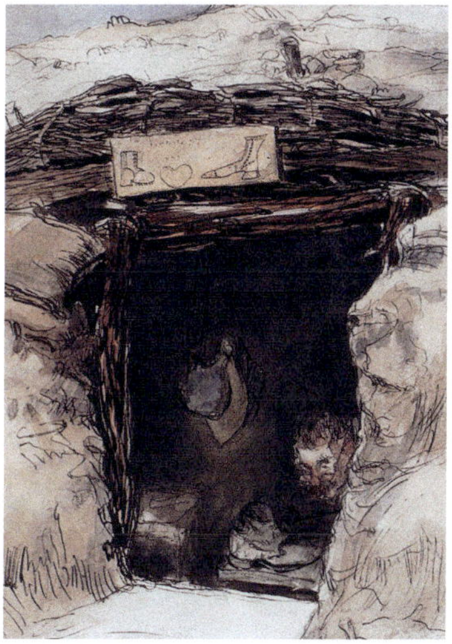

Nr. 56. Der Schuster des 112ten Territorialregiments.
No. 56. Le savetier du 112è territorial.

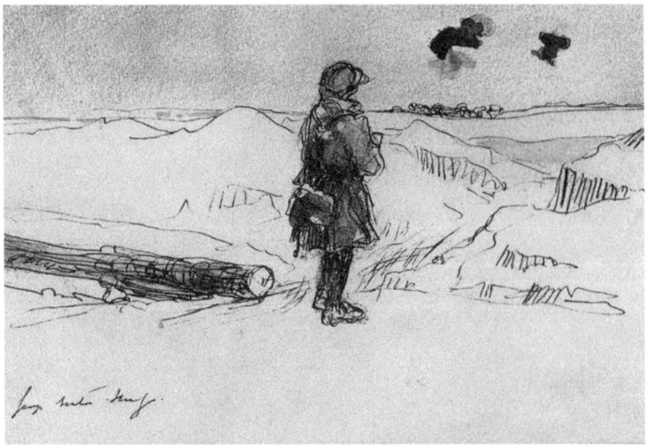

Nr. 57. Mein Verbindungsoffizier betrachtet Granaten.

No. 57. Mon agent de liaison contemple des fusants.

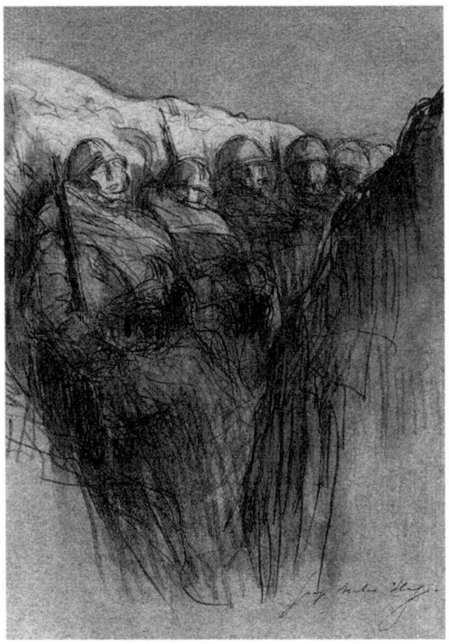

Nr. 58. Verstärkungen warten in einem Verbindungsgraben.
No. 58. Des renforts attendent l'heure de l'attaque.

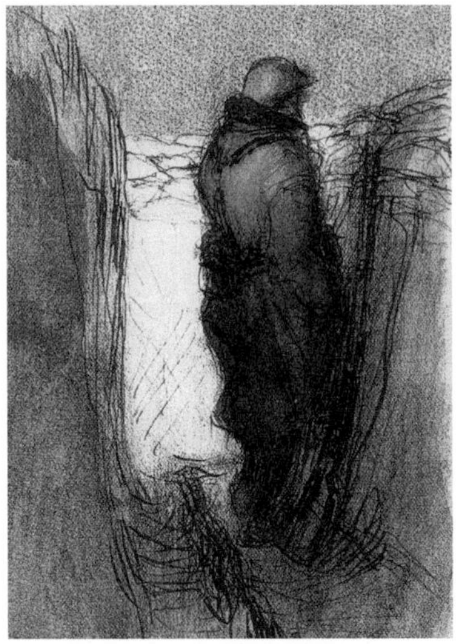

Nr. 59. In vorderster Linie, am Tag nach dem Angriff.
No. 59. En première ligne, lendemain d'attaque.

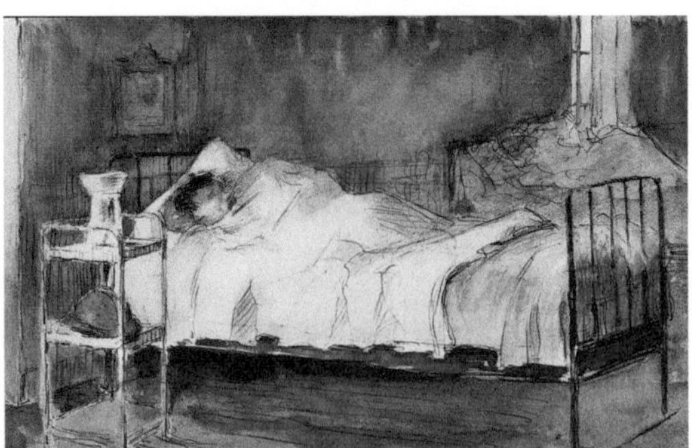

Nr. 60. Ein Verwundeter im Krankenhaus von Châlons.

No. 60. Un blessé à l'hôpital de Châlons.

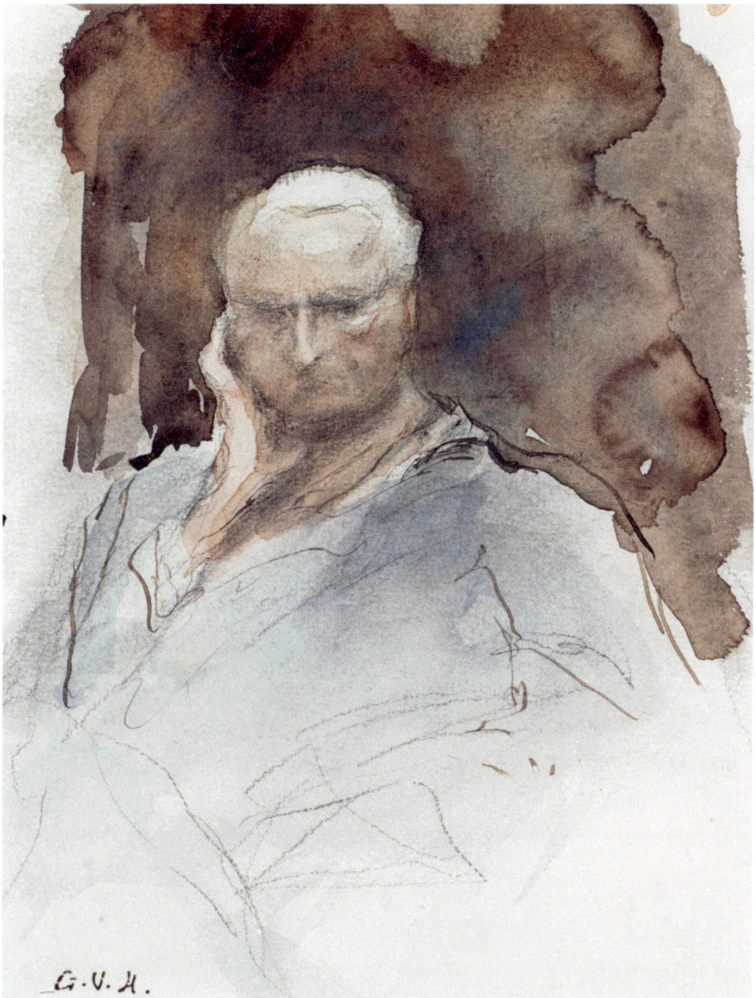

Georges-Victor Hugo: Zeichnung, 1918; nachdem er die ganze historische Last auf die Schultern genommen hat.

Dessin, Paris, Louvre 1918; ayant pris en charge sur ses épaules tout le fardeau historique.

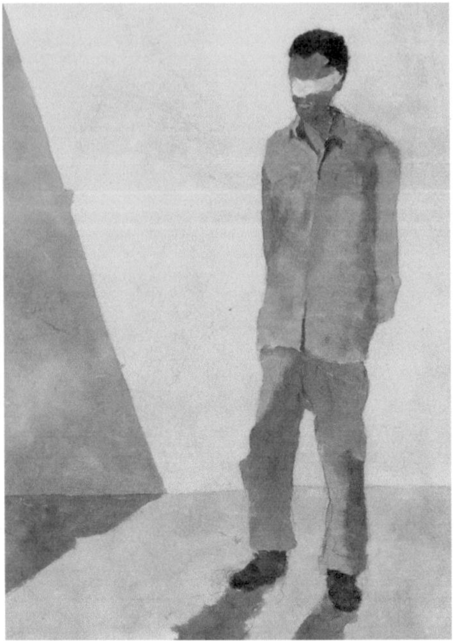

*Soldat im Irak, gemalt von Herbert Müller (*1953).*

*Soldat en Iraq en 1991, peint par Herbert Müller (*1953).*

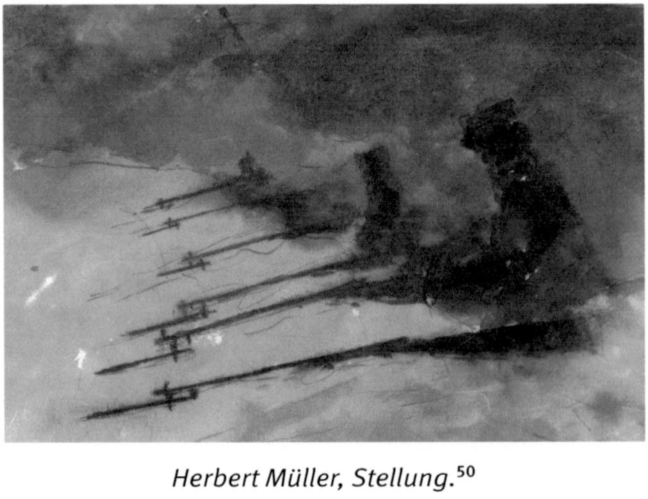

Herbert Müller, Stellung.[50]

Herbert Müller, Stellung (Montée en ligne).[50]

PRÉFACE

C'est en hiver 1916 que l'artiste français Georges Goursat, dit Sem, un des caricaturistes les plus illustres de la Belle Époque, en tant que reporter visite le front de Champagne pour y tomber soudainement sur un vieil ami, Georges Victor-Hugo qu'il rencontre dans une tranchée près du village détruit de Souain. Le petit-fils de Victor Hugo y sert comme agent de liaison. C'est dans sa cagna souterraine que Sem se montre à nouveau surpris, car il s'y agit d'un atelier assez simpliste où Georges Victor-Hugo venait de dessiner une centaine de croquis coloriés du champ de la bataille et de la vie au front. Goursat ne tarde pas à reconnaître la qualité artistique extraordinaire et le sens du réel caractérisant ces croquis coloriés. Ce n'est pas sans peine qu'il réussit à convaincre son ami de les lui confier pour les publier. Nonobstant son niveau technique et son talent, Hugo ne montre ses œuvres qu'à quelques amis intimes. L'article publié par Sem, accompagné de 14 images et publié le 16 décembre 1916 dans *L'Illustration*, porte le titre «Un peintre inconnu». Les croquis ainsi que la révélation de l'identité de l'artiste font sensation ou presque. C'est en 1917 qu'il y a une exposition à Paris et la publication de 60 croquis de guerre comme album fac-similé intitulé « Sur le Front de Champagne ». Mais l'artiste et son œuvre ne tardent pas à tomber à l'oubli.

C'est grâce au romaniste, traducteur et professeur de lycée Dr. Jörg W. Rademacher (Leer) qu'on peut les découvrir dès maintenant. En 2001, il est en train de rédiger une biographie sur Victor Hugo lorsqu'il met la main sur un des rares exemplaires complets de «Sur le Front de Champagne» dans la collection de guerre de Hanns Heeren à la bibliothèque universitaire de Münster. Du coup, cette découverte l'électrise. En 2008, quelques reproductions sont montrées à Leer. C'est lors du centenaire des événements qu'on présente pour la première fois ces impressionnants croquis de guerre de Georges Victor-Hugo moyennant une exposition de la Landesbibliothek Oldenburg destinée au grand public du 26 février au 25 avril 2015. Après, l'exposition itinérante sera montrée dans les lycées, des Instituts français et d'autres institutions d'enseignement en Allemagne, accompagnée de cette brochure sur l'artiste méconnu Georges Victor-Hugo.

Dans ce projet, il s'agit d'une coopération de la Landesbibliothek Oldenburg, des Éditions Ernst Klett Verlag, du Volksbund Deutsche Kriegsgräberfürsorge e.V., de la région Weser-Ems, et du Ulrichsgymnasium de Norden. Je remercie M. Dr. Rademacher et tous les partenaires du projet pour s'être investis et pour leur collaboration. Pour des subventions généreuses nous remercions cordialement la VR-Stiftung der Volksbanken und Raiffeisenbanken en Allemagne du Nord et la Stiftung Gedenken und Frieden. Également, nous remercions cordialement la bibliothèque universitaire de Münster, l'artiste-peintre Herbert Müller (Engerhafe) et les personnes et institutions pour les prêts aussi bien que les ayant-droits et tous les collaborateurs.

Corinna Roeder, Directrice de la Landesbibliothek Oldenburg

MOTIVATION PERSONNELLE

A l'ouest, rien de nouveau? Cela ne peut pas être vrai, même cent ans après la Première Guerre mondiale parce que chaque fois que ce sujet est abordé en Allemagne ou en France, c'est dans les familles qu'on fouille pour bientôt trouver des documents et des photos ou d'autres objets crus perdus depuis toujours. Et on aurait du mal à croire que l'arrière-petite-fille d'un caricaturiste français pour *Le Figaro* soit devenue historienne de l'art par accident! Pourtant aujourd'hui je ne sais pas ce que je donnerais pour avoir parlé aux anciens combattants de la Première Guerre mondiale ce dimanche matin en juin 1979 lors de ma première visite à Paris et à l'Arc de Triomphe!

Hélas, je ne le fis pas. Il fallut attendre plus de vingt ans pour que se présente l'occasion qui m'expliqua mon intérêt personnel à ce conflit. Chez nous, et en Allemagne en général, personne n'en parlait plus. Mais un jour, il était question de la bataille de Tannenberg en août 1914 à laquelle mon grand-père paternel aurait survécu sans pourtant jamais en parler. À partir de ce jour-là, je m'attendais à une découverte.

En tant que biographe de Victor Hugo, je m'intéressais aussi à sa famille. Un jour en automne 2001, ayant trouvé l'album de *Sur le Front de Champagne* de Georges Victor-Hugo dans la bibliothèque universitaire de Münster en Westphalie, j'avais enfin mis la main sur un document authentique qui allait m'aider à retrouver également un tout petit peu du chemin parcouru par mes deux grands-pères pendant ce conflit. Plutôt que par des paroles qu'ils n'avaient pas trouvé en vie c'est par leurs photos ou des images artistiques telles que Georges Victor-Hugo et tant d'autres les ont faites que ces hommes m'en parlent aujourd'hui.

Motivé par la forte impression que laissaient les dessins de la Champagne à chaque fois que je montrais des diapositives, j'essayais à plusieurs reprises de faire sortir le petit-fils de l'ombre dans laquelle il séjournait non seulement à cause du grand-père mais encore à cause de son propre fils aîné, Jean Hugo. Il fallait persévérer en dépit de cette constellation familiale défavorable, et en vue d'un changement de la perception ce catalogue accompagnant l'exposition à Oldenburg marque une étape décisive sinon définitive.

Jörg W. Rademacher, Leer, Frise orientale, en janvier 2015

VICTOR HUGO

L'Autre

Viens, mon George. Ah! les fils de nos fils nous enchantent,
Ce sont de jeunes voix matinales qui chantent.
Ils sont dans nos logis lugubres le retour
Des roses, du printemps, de la vie et du jour!
Leur rire nous attire une larme aux paupières
Et de notre vieux seuil fait tressaillir les pierres;
De la tombe entr'ouverte et des ans lourds et froids
Leur regard radieux dissipe les effrois;
Ils ramènent notre âme aux premières années;
Ils font rouvrir en nous toutes nos fleurs fanées;
Nous nous retrouvons doux, naïfs, heureux de rien;
Le cœur serein s'emplit d'un vague aérien;
En les voyant on croit se voir soi-même éclore;
Oui, devenir aïeul, c'est rentrer dans l'aurore.
Le vieillard gai se mêle aux marmots triomphants.
Nous, nous rapetissons dans les petits enfants.
Et, calmés, nous voyons s'envoler dans les branches
Notre âme sombre avec toutes ces âmes blanches.

Victor Hugo, L'Art d'être Grand-père, *in:*
Œuvres complètes. Poésie III, *Paris:*
Robert Laffont, 2002 (1985), p. 720.

BIOGRAPHIE

Georges Victor-Hugo : À l'ombre du grand-père : Après la guerre de 70/71 (1868-1914)

Né à Bruxelles le 16 août 1868, Georges est le petit-fils de Victor Hugo. Son frère aîné, né en 1867, était mort en avril 1868. Le grand-père le regrettera toujours. Ce fait et la mort de sa grand-mère, Adèle Hugo, en ce mois d'août 1868, marqueront Georges Hugo toute sa vie durant. Après la naissance de sa sœur cadette Jeanne en 1869, c'est l'année suivante que commence la guerre franco-prussienne. La défaite de la France à Sedan et la proclamation de la République font que la famille Hugo avec à sa tête le patriarche retourne à Paris. C'est là aussi que Georges, âgé d'à peine deux ans fait sa première expérience douloureuse avec les débris de la guerre, touchant un boulet de canon : il « s'est pincé le doigt dessous, ce qui l'a fait beaucoup crier. »[1]

Pour les premières années, c'est presque toujours le grand-père qui note les progrès de ses petits-enfants. Plus tard, il est plus difficile de retracer leur vie. Donc, même comme biographe on recourt parfois aux dessins et peintures de Georges Hugo. En ce qui concerne l'œuvre, la discussion de fond se concentre sur sa période comme matelot de la marine et comme soldat de l'infanterie à la Grande Guerre 1914-1918. Discuter l'œuvre, par contre, aide parfois à éclaircir un moment de la vie jusqu'alors resté obscur.

En mars 1871, Georges et Jeanne perdent leur père, Charles Hugo. C'est donc le grand-père qui prend en charge ses petits enfants. Avec leur mère Alice Hugo, ils cohabitent dans une maison avec Victor. Cet homme qui ne cesse d'aimer Juliette Drouet, son amour depuis 1833, mais qui ne l'admet jamais dans sa propre maison ou dans son propre étage, a beaucoup d'amantes.

Georges et Jeanne font partie de la vie sociale de ce ménage assez ambigu, participant également aux dîners et soirées réguliers qui les fatiguent. En 1872, Adèle Hugo, la fille cadette de Victor Hugo, retourne à Paris, ayant l'air assez égaré. Elle passera donc le reste de sa longue vie dans un asile près de Paris où elle reçoit la visite de Victor Hugo et ses petits-enfants. Fin 1873, survient la mort et suit l'enterrement à Paris de François-Victor Hugo, le second fils du poète, traducteur de William Shakespeare.

En 1877, après le mariage d'Alice avec Édouard Lockroy, un journaliste, qui n'aime pas Victor Hugo, ce dernier publie le recueil de poèmes *L'Art d'être grand-père*. Ensuite, Georges et Jeanne se font reconnaître dans les rues de Paris.[2] Leur vie durant, ils restent « marqués » par cette publicité précoce. Lorsque les visiteurs plus ou moins illustres rendent hommage au grand poète des Français, ce sont Georges et Jeanne qui y assistent. Ainsi pourraient-ils avoir rencontré Oscar Wilde (1854-1900), jeune écrivain et dandy irlandais, de passage à Paris en 1883.[3]

À la mort de Victor Hugo en 1885, Georges commence une existence de dandy dispendieux et de peintre passionné. C'est une fois de plus le grand-père qui en 1881 l'avait «engag[é] à continuer [à dessiner] d'après nature» (Victor Hugo, *CV*, p. 900). Georges aime beaucoup l'île de Guernesey et la maison du grand-père, Hauteville House dont il peint l'intérieur. Aussi peint-il Victor Hugo descendant du *Lookout*, son bureau tout en verre où il a l'habitude d'écrire chaque matin. En outre, Georges ne cesse de s'occuper de cette île anglo-normande en peignant des aquarelles que l'on vient de republier en 2013.

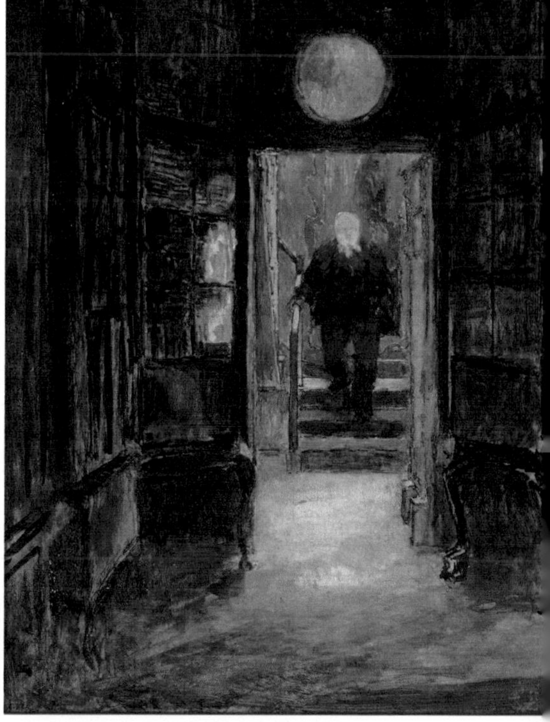

***Georges Victor-Hugo:** Tableau : Victor Hugo descendant de son cabinet de travail à Hauteville House, Paris : Maison de Victor Hugo*

Au catalogue d'une exposition tenue à Paris en avril 2008, rien n'est dit sur son éducation artistique, mais il était élève d'Ernest Ange Duez (1843-1896): «Sans qu'on puisse véritablement attacher son style à une influence précise, il est dans la lignée de John Singer Sargent (1856-1925), James Abbott McNeill Whistler (1834-1903), Eugène Boudin (1824-1898), Paul César Helleu (1859-1927, Jean-Louis Forain (1852-1931).»[4] Il s'agit ici de peintres américains ainsi que français, des portraitistes aussi bien que des paysagistes ou des caricaturistes, tel Helleu et Forain, et de peintres de guerre comme ce dernier.

Rendant des «Types de Guernesey» en couleurs ou des rues de cette île, avec sa plume et de l'encre noir (GN, pp. 2-4), Hugo s'exerce sur le terrain qu'avait parcouru le grand-père qui, il faut le dire, à sa mort laissait environ quatre mille ouvrages artistiques faits en passant.[5]

À Paris pourtant, c'est la vie mondaine des salons, des concerts ou des théâtres qui intéresse Georges Hugo, mis à part les portraits qu'il y réalise, des femmes surtout, mais aussi celui de Pierre Louÿs (1870-1925 ; GN, p. 18), un ami d'Oscar Wilde dont Louÿs corrige le manuscrit du drame *Salomé*, écrit en français à Paris fin 1891. Maintes aquarelles ne sont pas datées, tel «Peintre à son chevalet» ou «Homme lisant sur son lit» (GN, p. 20).

Ce n'est qu'après coup qu'on apprend que Georges a fait son service militaire dans la marine. Libéré en mars 1893 ou 1894, il se marie avec Pauline Ménard-Dorian en mars 1894. Il la connaît depuis toujours, elle aussi participant aux excursions estivales à l'île de Guernesey. Le jeune couple aura un fils Jean, né en novembre 1894, et une fille Marguerite, née en octobre 1896. L'écrivain Jacques de Lacretelle (1888-1985), de l'Académie française, se rappelle Georges Hugo tel «un jeune dieu irrégulier qui a le droit de tout faire. J'aimais les histoires qu'il inventait à mon intention, tandis que je redoutais les farces souvent féroces de son ami et beau-frère Léon Daudet, le mari de Jeanne Hugo [...].»[6]

Georges Hugo publie ses souvenirs marins en revue (1895) et en volume (1896), avant de quitter sa famille en 1898 en s'enfuyant avec Dora Dorian à Florence où il aurait pu croiser Heinrich Vogeler (1872-1942), jeune artiste et écrivain à tout faire allemand, qui se veut un dandy à la Oscar Wilde.[7] Il aurait pu également rencontrer l'Irlandais lui-même qui, après avoir été incarcéré entre 1895 et 1897, se retrouve en exil ou bien en Italie ou bien en France, surtout à Paris. En Italie, Georges peint aussi, «Une place à Sienne», par exemple, qui se trouve au Musée du Louvre.

Après la naissance de leur fils François en 1899, et après son divorce, bien entendu, il épouse Dora en 1901. Lorsque en 1902 l'affaire Dreyfus bat son plein il paie pour que son nom de famille soit changé en «Victor-Hugo» afin que personne ne le soupconne d'être Allemand – vu que les supporters de l'officier juif français accusé et emprisonné à tort d'avoir espionné pour les Allemands se faisaient diffamer comme germanophiles.[8]

Séparée dorénavant de sa belle-famille à Paris, la vie de Georges Victor-Hugo est difficile à retracer. Lacretelle écrit: «Le divorce, à ses débuts, était considéré comme une chose sérieuse. On devenait Montague et Capulet, alors qu'aujourd'hui ce n'est plus qu'un copinage raté.» (*Les Vivants*, p. 31) Pour Hugo, le divorce signifie qu'il ne revoit ses enfants de premières noces qu'après la mort de M. Lockroy, en novembre 1913.

Également séparé de sa seconde femme Dora et de leur fils, se réinstallant chez sa mère, la veuve Lockroy, Georges Victor-Hugo reprend ses habitudes d'artiste-peintre dans un atelier établi chez elle. En juillet 1914, il inaugure, accompagné de ses trois enfants, une statue de Victor Hugo à Guernesey, et il veut aller «à ‹la bataille›» en août 1914.[9]

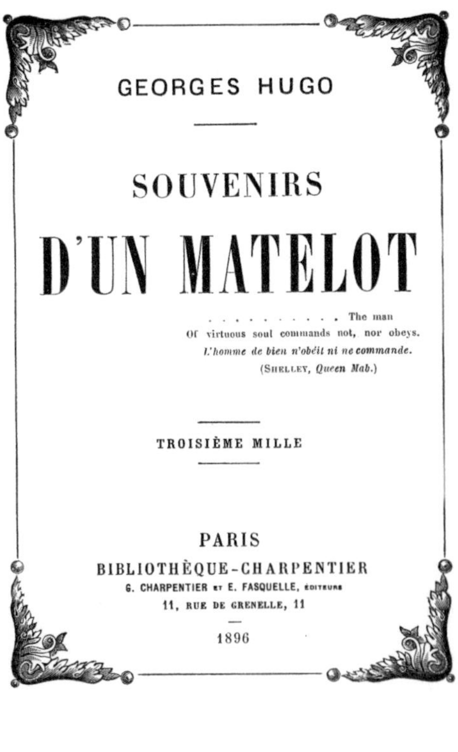

GEORGES HUGO

SOUVENIRS

D'UN MATELOT

. . . . The man
Of virtuous soul commands not, nor obeys.
L'homme de bien n'obéit ni ne commande.
(Shelley, *Queen Mab.*)

TROISIÈME MILLE

PARIS
BIBLIOTHÈQUE-CHARPENTIER
G. CHARPENTIER ET E. FASQUELLE, ÉDITEURS
11, RUE DE GRENELLE, 11
1896

Georges Hugo: Souvenirs d'un matelot. Page de titre, Bibliothèque d'État de Bavière de Munich

L'Œuvre avant la guerre: Georges Victor-Hugo : écrivain-peintre (1868-1914)

Comme matelot de la marine, Hugo travaille en tant que fourrier et instituteur pour les soldats. Notant ce qu'il voit dans un style concis et pictural dans son livre *Souvenirs d'un matelot*[10], il ne néglige pas non plus son talent de peintre. Ce qu'on sait à partir de ses œuvres disponibles dans des musées publics témoigne de ses intérêts et contacts variés plutôt que d'un entraînement systématique et académique tel que l'ont reçu et puis rejeté ses contemporains allemands, les peintres du village d'artistes à Worpswede en Allemagne du Nord, près de Brême, comme par exemple Heinrich Vogeler qui, lui aussi, part au front pendant la Première Guerre mondiale.

Alors que la prose de Georges Victor-Hugo semble sombre, l'image du port de Toulon représentée ci-après (p. 73) rend une atmosphère que l'on dirait d'abord autant vive que sereine avec les individus faciles à repérer au premier plan et avec à l'arrière-plan les contours toujours menaçants mais vagues de grands navires.[11] Ces impressions ambivalentes ne manquent pas non plus dans ses souvenirs, alors qu'ils se terminent sur un ton que l'on ne saurait être plus combatif pour le petit-fils du grand rhéteur Victor Hugo : « Alors, je suis pris de l'envie folle, – oh oui, bien folle ! – de crier de toutes mes forces, de tout mon cœur : Camarades, camarades, ne venez pas ici ! Restez aux champs, courez la mer sur vos bonnes barques. Ne venez pas ici, où vous connaîtrez l'humiliation, où vous comprendrez la haine. » (*Souvenirs d'un matelot*, p. 279).

Il s'agit ici d'un ouvrage écrit soit à la première, soit à la troisième personne qui a l'air d'une série de notes prises tel un journal de bord – sans en être un pourtant. Au début, Georges Hugo cite le document selon lequel « il est ordonné *au nommé Hugo de se trouver à Toulon le 14 mars 189.., sous peine d'être poursuivi comme déserteur* [...] » (p. 2). Donc le matelot qui se souvient fait son service militaire à bord d'un vaisseau du nom de *Dévastation* (p. 54).

Même s'il survit à ces trois années passées soit au port, soit sur mer, Georges Hugo ne raconte pas de voyages de plaisance. Une fois, il cite un camarade : « ‹ Je ne serai content que lorsque j'aurai ma petite maison dans la campagne › » (p. 151). Ce n'est certainement pas de sa propre ambition, suit-on le romancier Jacques de Lacretelle qui l'a connu dans le salon de Mme Ménard-Dorian, la belle-mère de Georges Hugo, et qui décrit la jeunesse de ce dernier : « Avant sa majorité, il était déjà la proie des usuriers, et mon père, chargé amicalement par la famille Hugo d'apurer ses dettes, obtenait de lui, en guise de réponse : ‹ Ah ! oui, c'est vrai, il y a encore ça... Et puis regarde aussi du côté de cet autre bonhomme dont j'ai oublié le nom. Il doit avoir un papier signé de moi. › Je tiens ces propos de ma mère qui me les raconta plus tard en exemple à ne jamais suivre. » (*Les Vivants*, p. 29) Publié après une première version de l'autobiographie de Jean Hugo, fils aîné de Georges Hugo, mais bien avant l'édition définitive de celle-ci, le roman de Lacretelle ne répond qu'en fiction à ce que Jean a retenu mot à mot de sa première rencontre avec le père après quinze ans de séparation en 1913 : « ‹ Je ne suis pas un exemple à suivre ›. » (JH, p. 162)

Bien que la vie dispendieuse de Georges Hugo prenne fin lors de son service militaire, il subit le sort de tous les gens connus parce que dès la publication du recueil de poèmes *L'Art d'être grand-père* (1877) de Victor Hugo il avait été un personnage public dont la moindre aventure pourrait être considérée comme nouvelle à rapporter par la presse. Un fainéant comme petit-fils du grand Victor Hugo, l'héritier gaspillant l'argent que le ‹ père de la gauche › avait gagné, tout cela tombe bien pour la presse française de la droite qui se bat toujours pour le prétendant au trône français, tandis que Georges avait été « élevé par le grand prophète de la République » (*Les Vivants*, p. 29).

C'est peut-être sans s'en douter que Georges Hugo écrivain d'après nature dans ses *Souvenirs d'un matelot* suit le modèle de son aïeul qui, certainement, n'aurait pas laissé que cette trace d'autobiographie : « J'ai la ‹ maladie de mon bateau › ; les marins connaissent bien cette fièvre de mélancolie, qui tire la peau sur les os et donne aux regards des expressions égarées ; cette indifférence, cette nonchalance morbide qui engourdit les membres. C'est que l'homme jeune s'use à vivre plusieurs années dans la même coque d'acier, c'est que son esprit actif, sa gaieté d'adolescent s'émousse au contact de cette régularité glaciale. C'est une vie de cloître sans raison et sans foi. »[12]

Il va de soi que le *leitmotif* des misérables bagnards tels que Victor Hugo les avait évoqués dès son roman *Le dernier jour d'un condamné*[13] ne cesse de parcourir les souvenirs de Georges Hugo qui se trouve en rade à Toulon, la ville même où, depuis toujours, se trouve le bagne des forçats : Il y fait allusion lorsqu'il s'agit de quelqu'un qui a trahi son camarade : « – Alors, tu vas avoir toute la vie sur le cœur les travaux forcés de ce garçon-là ? / – Je m'en fous, fallait pas qu'il vole ! » (« Souvenirs d'un matelot », 1er avril 1895, p. 504 ; édition en volume : p. 49).

Ce soldat se meurt bientôt après, et Georges Hugo va à son enterrement (p. 506; p. 54), une expérience qu'il avait vécue assez souvent dès sa plus tendre enfance, et il décrit le lieu d'un style imagé : « Où le mettre, en effet ? Pas de tombe ; un long trou avec quatre cercueils et la place pour un autre. / Nous sommes tout seuls maintenant. Le vent qui vient du large est plus violent encore sur cette hauteur et agite nos grands cols. À l'horizon, derrière les arbres, de petites voiles blanches courent sur la rade, passent entre les navires ; et les fumées de l'arsenal, les vieilles maisons de Toulon, toute cette vie lointaine, rendent le cimetière plus sinistre, la solitude plus pesante. » (p. 510 ; pp. 64/65)

D'une part, on dirait l'image en prose à l'opposé au premier plan du dessin du port de Toulon ; d'autre part, cette description révèle un « cimetière marin » avant la lettre, pré-datant d'une trentaine d'années le fameux poème de Paul Valéry (1871-1945) dont il suffit de citer la première strophe afin de capter l'atmosphère. En allemand, par ailleurs, la première traduction sort de la plume du poète Rainer

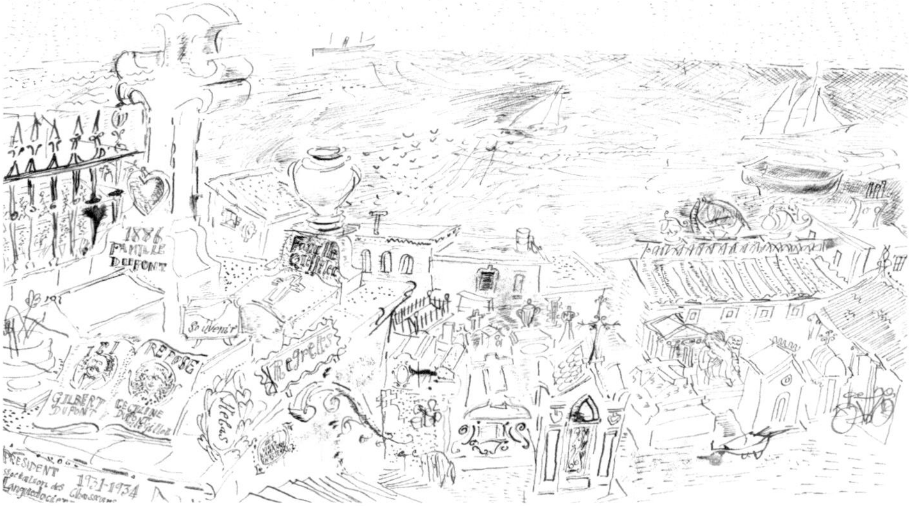

Oliver Soskice: « Le cimetière marin » par Paul Valéry, dessin à l'encre, 2015

Maria Rilke (1875-1926) qui, comme Vogeler, fit partie de la colonie d'artistes de Worpswede fondée en 1889 :

« Ce toit tranquille, où marchent des colombes,
Entre les pins palpite, entre les tombes ;
Midi le juste y compose de feux
La mer, la mer, toujours recommencée
O récompense après une pensée
Qu'un long regard sur le calme des dieux »[14]

Ce qui rend la prose de Georges Hugo plus tranchante encore, c'est le fait qu'il vient de vivre la mort de celui dont il relate l'enterrement. S'intéressant depuis toujours aux marines, il avait réalisé un *Port d'Anvers* (1890), puis, probablement à la suite d'orages et d'averses en France, *L'inondation* (1894). Et c'est justement le réalisme de cette dernière toile où ne fonctionne que le bateau comme une arche qu'il ne manquera pas de révéler dans son album de guerre.

Georges Victor-Hugo: Pendant la Grande Guerre (14-18)

Avec l'autoportrait d'un homme d'un certain âge au costume et en fumant dans un salon de grande bourgeoisie avec des images accrochées au mur – certaines étant peut-être réalisées de sa propre main (p. 45) – Georges Victor-Hugo se révèle en tant qu'artiste qui aime l'art sans devoir vivre de son pinceau (cf. GN, p. 1). Pourtant son petit-fils Pierre Hugo (né en 1947) écrit: «Je ne pourrais citer le nombre de lettres que je possède, qui sont certes pleines d'amour, mais qui se terminent toujours par une demande d'argent. Georges écrivait à sa mère, Nana.»[15]

Tout juste âgé de 46 ans au début de la guerre, Georges Victor-Hugo veut partir. Le 4 septembre 1914, Jean Hugo se rappelle-t-il: «Mon père et mon cousin Charles Daudet, après un dîner à la Taverne Royale m'accompagnèrent à la gare Saint-Lazare d'où le train partit à huit heures du soir.» (JH, p. 15)

Mais d'abord, Georges sert la France à la censure à Paris.[16] Puis, en été 1915: «Il finit par être attaché, au mois de juin, à un état-major de brigade et partit pour le front de Lorraine.» (JH, p. 168) Entretemps, son fils Jean est blessé et sa «mère obtint bientôt [s]on transfert à l'hôpital [107 à Meudon, près de Paris] où [s]a sœur était employée» (ibid., p. 39). Marguerite «conduisait une camionnette et, à d'autres heures, troquait son uniforme contre une blouse blanche pour tenir la pharmacie» (ibid., p. 40)

Lors d'une rencontre avec Jean, il lui raconte ses moments de lecture de poésie par Victor Hugo: «[Les soldats] m'écoutent. Ce sont de braves gens de la Franche-Comté. Quand ils me voient arriver avec mon monocle, ils disent: / – Voilà le père Hugo avec son œil!» (ibid., p. 169)[17]

Finalement, en septembre 1915, Georges Victor-Hugo fait partie de l'attaque de la Ferme de Navarin en Champagne où il se distingue comme officier de liaison. Une fois peintre, toujours peintre, il ne cesse de faire ses croquis: après coup il se fait citer: «je [...] coloriais [le dessin] légèrement avec ce que j'avais sous la main. Un peu de jus de tabac et une goutte de café sucré, cela fait une sépia épatante; avec un peu de pinard on fait du sang magnifique, et, pour obtenir le terrain, le ton général du paysage, ce ton blanchâtre de la Champagne, je délayais un peu de la craie attachée à ma capote. . . et voilà!»[18]

«Puis, après un hiver passé dans la boue blanche de la Champagne pouilleuse, une crise de rhumatisme le força à quitter "la bataille".» (JH, p. 169) Datée le 2 mai 1916, il y a une aquarelle d'un «Intérieur d'église à Bordeaux» (GN, p. 22). Son fils raconte leurs rencontres suivant le retour de «la bataille» au café à Paris dont il a aussi fait un dessin: «Intérieur du Café des Gaufres» se trouvant au Louvre: « Dans nos entrevues [...], mon père et moi parlions souvent peinture. Nous ne nous entendions pas. Je m'étais alors dépris des impressionnistes, amours de mes seize ans; j'admirais la grande odalisque d'Ingres aux quinze vertèbres et au sein sous l'aisselle, le Douanier Rousseau et Picasso, dont, sous l'influence de Radiguet, je préférais depuis peu les grosses femmes aux toiles cubistes. Mon père s'emportait: il aimait Boudin, Jongkind, Monet, il ne suivait pas Renoir jusqu'aux *Baigneuses*; il ignorait Gauguin, Van Gogh, Cézanne, Bonnard; Vuillard aussi, dont l'art était pourtant si proche du sien; Il abhorrait les cubistes. Nous aurions pu nous mettre d'accord sur Poussin, sur le Lorrain, sur Chardin, sur Corot, sur tant d'autres. Je ne sais pourquoi, nous n'en parlions pas.» (JH, pp. 169/170)

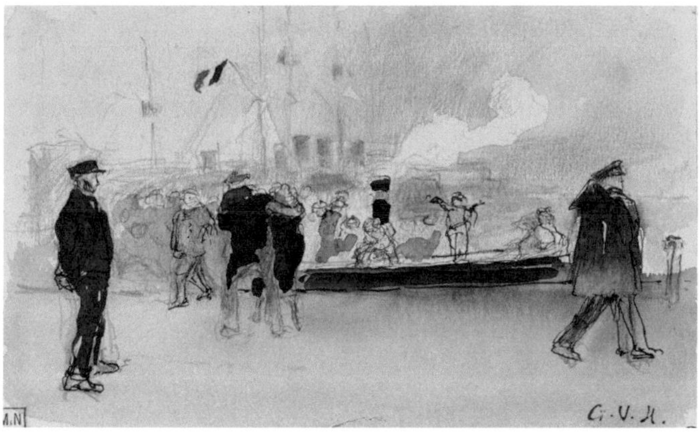

Georges Victor-Hugo: Le port de Toulon,
Paris: Musée du Louvre

Georges Victor-Hugo: De nouveau à l'ombre: L'Après-Guerre (1918-1925)

Encore un autoportrait (p. 61), mais dessiné plutôt que peint et sur un ton plus sobre avec, dirais-je, un poilu comme arrière-fonds. Jean Hugo se rend compte d'un changement de sa propre attitude: « Mon père, ma mère, mes grand-mères, ma sœur ambulancière, mon cousin Charles Daudet, qui m'écrivaient et que je voyais pendant mes congés, avaient tous, bien que chacun d'une manière différente, la guerre au centre de leurs pensée. » (p. 112)[19]

Après l'exposition de Georges Victor-Hugo au Pavillon de Marsan à Paris en février et la parution de son album *Sur le Front de Champagne* en novembre de la même année, on ne sait plus grand-chose ni sur l'homme ni sur l'artiste. Jean Hugo raconte: « Il souffrait fort du changement des mœurs [...] des manières familières de ceux qu'il considérait comme des serviteurs [...] Il n'approuvait pas le milieu que je fréquentais. Le nouveau Paris de 1920, qui admirait les ballets de Diaghilev, les poésies de Jean Cocteau, les livres de Proust et de Gide, et les tableaux de Picasso, n'était pas son Paris. » (p. 170)

Après le mariage de Jean en 1919 à qui le père ne semble pas avoir assisté, le jeune couple visite Guernesey, reçu par Georges Victor-Hugo qui « se levait tard et n'était pas pressé de s'habiller. Il restait longtemps en robe de chambre à fumer des cigarettes » (pp. 179/180) – tel qu'on le voit dans l'autoportrait de 1918. « Parfois sur la pelouse [de Hauteville House] [...] mon père nous lisait à haute voix des poèmes des *Contemplations* ou de *L'Art d'être grand-père*, ou le chapitre de la pieuvre dans *Les Travailleurs de la mer*. » (p. 180)[20] Donc c'est encore une fois à l'ombre du grand-père qu'évolue la vie de Georges Victor-Hugo.

Au début de 1925, il tombe malade. À la différence de son grand-père, il veut voir un prêtre. Bientôt, il n'y a plus d'espoir. Il décède le 5 février 1925 pour être enterré le 9 février au Père-Lachaise à Paris. Fort connu comme petit-fils de Victor Hugo, il reste à découvrir comme aïeul des Hugo d'aujourd'hui et comme écrivain-peintre d'une époque révolue.[21]

L'enfant de la Belle Époque disparu avec celle-ci en novembre 1918, Guillaume Apollinaire n'aurait pas pu se plaindre de sa réputation posthume. Georges Victor-Hugo, en revanche, l'enfant de la même époque, sans la nécessité de se faire payer soit pour son art d'écrire, soit pour son art de dessiner, retourne dans l'ombre non seulement du grand théâtre de la vie publique renaissant dans le Paris d'après-guerre, mais encore dans l'ombre de cette famille Hugo dont c'était désormais la quatrième génération à prendre le relais. Rétrospectivement, la réussite et la longévité de celle-ci allaient également retarder la redécouverte de Georges Victor-Hugo.

TRACES DE LA VIE DE GEORGES VICTOR-HUGO

1868

16 août – naissance de Georges-Charles-Victor-Léopold à Bruxelles, fils de Charles et Alice Hugo.
25 août – Adèle-Julie-Victoire-Marie Hugo, la grand-mère du nouveau-né *est prise d'une attaque d'apoplexie.* (Pierre Hugo [PH], *Les Hugo : témoignage*, Monaco : Éditions du Rocher, 2007, p. 131)
27 août – décès d'Adèle Hugo à 6 h 30 du matin. *Je lui ai fermé les yeux. Hélas!* (Victor Hugo, *Choses vues* [*CV*] *1849-1885*, Édition d'Hubert Juin, Paris : Gallimard, 1997 (1972), p. 514)

1869

29 septembre – Naissance à Bruxelles de Jeanne, fille de Charles et d'Alice Hugo et sœur cadette de Georges-Victor.

1870

31 juillet – *Mon petit Georges ne m'appelle ni Bon Papa ni Grand Papa ; il a trouvé pour moi ce nom :* Papapa. (*CV*, p. 541)
2 septembre – la bataille de Sedan. Une fois battu, Napoléon III est fait prisonnier de guerre.
3 septembre – La capitulation est signée.
4 septembre – *J'ai fait aujourd'hui,* note Victor Hugo, *à Georges, ses petites mains jointes, sa première prière ainsi conçue : Mon Dieu, veillez sur ceux qui m'aiment et que j'aime. Soyez béni.* (*CV*, p. 552 ; *Carnets* [*Cs*], in : Victor Hugo, *Œuvres Complètes. Voyages*, Présentation de Claude Gély, Paris : Robert Laffont, 1987, p. 1040). Le soir, la famille apprend la nouvelle que *la déchéance de l'empereur est décrétée* (et la proclamation de la République à Paris (Max Gallo, *Victor Hugo. Je serai celui-là !*, Paris : XO Éditions, 2001, p. 339).
5 septembre – retour de Victor Hugo à Paris : *Un homme en blouse m'a dit les vers qui sont dans mon jardin : « Venez tous faire vos orges / Messieurs les petits oiseaux / chez Monsieur le Petit Georges ».* (*CV*, p. 554 ; *Cs*, p. 1041 ; Graham Robb, *Victor Hugo*, London : Picador, 1998 (1997), p. 448)
14 octobre – Georges a joué avec une retrouvaille de guerre, *un boulet prussien ramassé [...] derrière une barricade près de Montrouge où ce boulet venait de tuer deux chevaux. Ce boulet pèse vingt-cinq livres. Il s'est pincé le doigt dessous, ce qui l'a fait beaucoup crier.* (*CV*, p. 567 ; *Cs*, p. 1053)

1871

13 février – départ de la famille Hugo vers Bordeaux avec la maîtresse de Victor, Juliette Drouet, ses fils Charles et François-Victor, la belle-fille Alice et ses enfants et les femmes de chambre.

13 mars – Victor Hugo apprend la mort d'une apoplexie de son fils aîné Charles. Georges et Jeanne n'ont plus de père. *Hélas ! mon bien-aimé Charles. Il était mort. / J'ai été chercher Alice. Quel désespoir ! / Les deux petits enfants dorment.* (*CV*, p. 624 ; *Cs*, p. 1115)
27 mars –*Le conseil de famille s'est réuni chez moi ce matin. J'ai accepté d'être subrogé-tuteur.* (*CV*, p. 630 ; *Cs*, p. 1121)
4 avril –*Petit Georges est venu jouer sur mon lit. – Chose poignante, on se bat entre Français. La guerre a éclaté entre Paris et Versailles.* (*CV*, p. 632 ; *Cs*, p. 1122)
30 avril – *J'ai déjà donné à Petit Georges trois leçons de lecture et d'écriture mêlées.* (*CV*, p. 639 ; *Cs*, p. 1129)
1er mai – *J'ai donné à Petit Georges sa 4e leçon de lecture et d'écriture.* (*CV*, p. 640 ; *Cs*, p. 1130)
27 mai – *Et j'entends ces cris :* À mort Victor Hugo ! *[...] Jeanne, qu'une pierre a effleurée dans ma chambre, me regardait avec ses grands yeux étonnés. Petit Georges disait :* Ce sont les Prussiens. (*CV*, p. 646 ; *Cs*, pp. 1135/1136)
28 juin – *Georges vient de me dire :* « – Il y a ici une petite fille qui me donne des bêtes. » *Il avait un colimaçon dans une main et un hanneton dans l'autre.* (*CV*, p. 663 ; *Cs*, p. 1155)
10 juillet – naissance à Auteuil près de Paris de Marcel Proust, futur romancier (Jean-Yves Tadié, *Marcel Proust I*, Paris : Gallimard, 1999 [1996], p. 85).
8 octobre – *Victoire, Alice et Petit Georges sont allé voir Rochefort,* le parrain de Georges, dans la prison *à Versailles.* (*Cs*, p. 1197)

1872

2 janvier – *Georges et Jeanne [...] m'ont apporté le portrait de Charles. Ils sont entrés dans ma chambre, le portant chacun d'un côté. Je l'ai accroché au-dessus de la table où j'écris. Tous les matins, je lui fais envoyer un baiser par Georges et un baiser par Jeanne.* (*CV*, p. 748 ; *Cs*, p. 1210)

1873

14 février – *Petit Georges a été à la répétition générale de* Marion de Lorme. *Il n'a pas dit un mot ; et le lendemain il a répété toute la journée :* l'homme rouge qui passe. (*CV*, p. 778)
27 décembre – *Louis Blanc est venu, et M. Lionnet qui a dessiné à la lampe Victor endormi. / Encore une fracture, et une fracture suprême, dans ma vie. Je n'ai plus devant moi que Georges et Jeanne. / Au moment où j'écris ceci, un corbillard blanc passe sous ma fenêtre. / O mon doux Victor bien-aimé.* (*CV*, p. 793)

1874

1er janvier – *A midi, Alice m'a amené les petits. Ils ont déjeuné avec moi. Étrennes. Jouets. Bonheur de l'enfance. Doux murmure autour de l'âme triste.* (*CV*, p. 799)

19 janvier – *J'ai complètement achevé aujourd'hui la révision de* Quatrevingt-treize. *J'envoie ce matin le dernier bon à clicher.* (*CV*, p. 800)
31 janvier – *M. Michaëlis est venu m'apporter pour Georges un grand jouet mécanique représentant la* Claymore *(de* 93 [le roman de Hugo sur la Révolution française]*). C'est une corvette à roues. Les roues sont un anachronisme mais c'est égal à Georges pourvu que le bateau aille sur l'eau.* (*CV*, p. 802)
24 mai – *Vers dix heures, l'état de Petit Georges a empiré. Le rhumatisme s'est porté au cœur. On a posé un vésicatoire. Le docteur Sée, inquiet, a dit : Il y a encore de l'espoir. Angoisse profonde. / Vers onze heures, la douleur a cessé. L'enfant a souri. Nous espérons.* (*CV*, p. 812 ; Max Gallo, p. 411)
15 juin – *Nous avons déjeuné chez Alice en l'honneur de la convalescence commençante de Petit Georges. [...] Au dessert, j'ai bu à la santé de Petit Georges qui assistait au dîner. Je lui ai dit :* Enfant, puisses-tu à ton tour, quand il y aura longtemps que je serai mort, dans soixante-dix ans d'ici, boire à la santé d'un petit enfant qui sera ton petit-fils et lui souhaiter de continuer ton père Charles, aussi un peu ton grand-père. (*CV*, p. 815)

1875

5 mars – *Mon petit Georges m'a remis une lettre* écrite vraiment *par lui, la première qu'il ait écrite. Joie.* (*CV*, p. 826)
18 juin – *J'ai donné à mes petits la première leçon de latin. J'ai fait conjuguer à Georges* Amo, *j'aime, et à Jeanne,* Rosa, *la rose. Ils ont ri, ces doux êtres.* (*CV*, p. 831)
16 août – *Mon Georges a aujourd'hui sept ans.* (*CV*, *1849-1885*, p. 835)
22 octobre – *Charles ressemble à Georges et Victor à Jeanne.* (*CV*, p. 839)

1876

26 février – *J'ai aujourd'hui soixante-quatorze ans. Je reçois en m'éveillant un doux mot de J. J.,* Juliette Drouet, *et une lettre de Julie contenant les portraits de Didine et d'Adèle,* sa fille et sa femme. *Qu'elles soient bénies !* (*CV*, p. 848) – *Heureusement, il y a les rires, les joies de Georges et de Jeanne. Avec eux, il apprend* L'Art d'être grand-père. *Il les conduit au jardin des Plantes, où parfois il aperçoit Marie Mercier, qu'il revoit, et Blanche qui l'attend et vers laquelle il reviendra, après avoir reconduit Georges et Jeanne rue de Clichy.* (Max Gallo, p. 419)

1877

3 avril – Mariage d'Alice avec le journaliste Édouard Lockroy (Max Gallo, p. 429).
Mai – publication des poèmes consacrés aux petits-enfants, intitulés *L'Art d'être grand-père.*
21 novembre – *J'ai travaillé toute la journée à* l'Histoire d'un crime. *Après le dîner, je suis allé à* Hernani, *j'étais dans la baignoire no 7. J'ai été complimenter dans la loge Mlle Sarah Bernhardt. Georges était à la représentation. La foule m'a salué à la*

sortie (minuit), je suis revenu avec Girardin qui m'a ramené dans sa voiture. (*CV*, p. 879) – *Il s'assoit à la gauche de Sarah Bernhardt. En face de lui, il a voulu que soit placé Georges, afin qu'un jour, il se souvienne de cette soirée* (Max Gallo, p. 434).

1878

1er janvier – *Alice a mené Georges et Jeanne au Père-Lachaise. Georges m'a rapporté ces trois fleurs cueillies sur le tombeau et m'a dit en pleurant: Papa, mon oncle Victor, mon petit frère. / Que tous soient bénis! / Nous déjeunons en famille. J'ai mis toutes les étrennes en or dans les assiettes. Joie des enfants. Je travaille.* (*CV*, p. 883)

1879

Novembre 1879 – *Ô Georges, tu seras un homme. – Tu sauras / À qui tu dois ton cœur, à qui tu dois ton bras.* (cité d'après Max Gallo, p. 450)

1881

26 février – *Ma fête. Pendant ma toilette on frappe à ma porte. Je dis: Entrez. Georges et Jeanne entrent avec Alice. Ils me souhaitent mon anniversaire. Georges m'apporte un excellent dessin, une tête de jeune garçon faite par lui d'après* Léon *Bonnat,* portraitiste de Hugo en 1879 ; 1831-1922. *Je l'engage à continuer d'après nature.* (*CV*, p. 900 ; Graham Robb, p. 392 ; p. 512)

1883

30 octobre – dernier poème complété: *George est à genoux, Jeanne prie ; / Enfants, l'œil céleste est sur vous ; / Inclinez vous, l'âme attendrie ; / Le monde est grand, le maître est doux.* (Victor Hugo, *Poésie IV*, Présentation de Bernard Leuilliot, Paris: Robert Laffont, 2002 [1986], p. 1074)

1884

Il a réussi à rencontrer [...] une jeune poétesse, la princesse Metchensk, qui signe ses œuvres Tola Dorian, 1839-1918. *[...]* (Max Gallo, p. 480) – *Georges – qui a quinze ans maintenant – demeure son interlocuteur de prédilection. L'adolescent vient toujours, le matin, assister à la toilette de Papapa.* (Alain Decaux, *Victor Hugo*, Paris: Perrin, 1984, p. 1015) – *Un soir, on le conduit à un bal d'adolescents offert dans leur luxueux hôtel de la rue de la Faisanderie par ses amis Ménard-Dorian. Georges et Jeanne doivent danser le menuet de* Don-Juan [de W. A. Mozart] *avec la fille de la maison* [Pauline que Georges épousera en 1894], *avec une fille de Paul Meurice, avec la fille aînée de Clemenceau et le fils d'Alphonse Daudet, Léon* [que Jeanne épousera en 1891]. (ibid.)

1885

Au printemps – *L'hiver finissant, Léon Daudet est venu un après-midi jouer avec Georges dans le jardin. Avec acharnement, ils se renvoient la balle ou le ballon.*

Ils voient soudain le vieillard venir à eux. Ils se figent. Il avance, comme toujours majestueux et grave. Il leur dit ces simples mots : / – La terre m'appelle. (cité d'après Alain Decaux, p. 1016 ; Max Gallo, p. 483 ; Graham Robb, p. 521)
18 mai – Adressé à ses petits-enfants, *Il murmure : « Mes chers petits .... » Il veut leur sourire, mais il sent qu'il pleure.* (Max Gallo, p. 484) – *Il nous baisa d'un lent baiser avec des larmes aux lèvres. Ses yeux nous riaient sous son beau front tranquille. Le grand soleil de mai entrait par la fenêtre ouverte ; il se blottit dans ses couvertures comme s'il eût eu très froid. Sa voix devint plus câline que jamais, et plus tendre. / — Soyez heureux... pensez à moi... aimez-moi.* (Georges Victor-Hugo, *Mon Grand-père*, Paris : Calmann-Lévy, 1902)
19 mai – *Aimer, c'est agir.* (*CV*, p. 919)
22 mai – 13 h 27 : mort de Victor Hugo (Max Gallo, p. 485).
Juin – À peine âgé de dix-sept ans, Georges Hugo *s'installait afin de vivre une adolescence prolongée.* (Graham Robb, p. 535)

1888

Quand mon père avait vingt ans, un médecin lui dit : « Avec le cœur que vous avez, si vous continuez cette vie-là, si vous fumez une cigarette de plus, si vous buvez un verre de plus, vous serez mort dans un an. » (Jean Hugo [JH], *Le Regard de la mémoire*, Arles : Actes Sud, 1989 [1983], p. 248)

1889

5 juillet – naissance à Maison-Laffitte, près de Paris, de Jean Cocteau (François Nemer, *Cocteau. Sur le fil*, Paris : Gallimard, 2003, p. 12).

1891

Février – mariage civil entre Léon Daudet (1867-1942) et Jeanne Hugo (Jean-Yves Tadié, *Marcel Proust I*, p. 175 ; PH, p. 173).
Mariage de Léon Daudet et de Jeanne Hugo, dessin de Gil Baër, une du *Progrès illustré* du dimanche 22 février 1891.
Mars – date la plus tardive à laquelle Georges Hugo aurait pu commencer son service militaire en tant que matelot dans la marine (*Souvenirs d'un matelot*, p. 1 ; p. 274).

1892

Naissance de Charles Daudet (1892-1960), fils de Léon Daudet et de Jeanne Hugo, neveu de Georges Hugo (PH, p. 173).

1894

Selon Jean Hugo, il fut conçu à Toulon, rue Paulin-Guérin en 1894, dans l'appartement de Georges Hugo (Jean Hugo, *Carnets 1946-1984*, Arles : Actes Sud, 1994, p. 39).

Mars – date la plus tardive à laquelle Georges Hugo quitte la marine.
20 mars – mariage de Georges Hugo avec Pauline Ménard-Dorian (1870-1941) à Paris (Geneanet ; accès : 12 décembre 2014; http:gw.geneanet.org/garric?lang=fr;p=-pauline;n=menard+dorian) – Dans leur salon, 89, rue de la Faisanderie, Paris XVIè, ils reçoivent « les écrivains Marcel Proust, Émile Zola, Alphonse puis Léon Daudet, [Edmond] Goncourt, [...] Max Jacob, des peintres (Eugène Carrière), des musiciens (Satie)... » (article Wikipédia sur Pauline Ménard-Dorian : accès : 14 décembre 2014; http://fr.wikipedia.org/wiki/Pauline_M%C3%A9nard-Dorian).
Dans une lettre à son beau-père Lockroy, Georges Hugo déclare avoir bel et bien observé des scènes entre ce grand vieil homme et son gendre dans lesquelles ce dernier avait eu la témérité de s'opposer à lui en lui disant des choses qui l'avaient horrifié (cité d'après Graham Robb, p. 511).
Au Mas de Fourques, sa belle-mère fait construire pour Georges Hugo «l'atelier» où il ne fait que «deux pastels, une vue du village de Gallargues et quelques tristes oliviers», «car il n'aimait ni la campagne, ni la France du Midi» (JH, p. 139).
19 novembre – naissance de Jean Hugo, 89, rue de la Faisanderie, Paris, XVIè.

1895

1er et 15 avril, 1er et 15 mai, 15 juin, 1er août et 1er septembre – publication des extraits de son récit de voyages « Souvenirs d'un matelot » dans la *La Nouvelle Revue*.
En août, Georges Hugo et sa famille font la «traversée» à Guernesey, avec Jean, alors âgé de «neuf mois» (JH, p. 164). Probablement, Georges y a-t-il peint l'aquarelle du titre «Le courrier de Cherbourg».

1896

Mariage de Jeanne Hugo avec Jean-Baptiste Charcot (1867-1936), explorateur et voilier (PH, p. 173).
Publication de *Souvenirs d'un matelot*, Paris : G. Charpentier et E. Fasquelle, par Georges Hugo, tirés à trois mille exemplaires en tout.
10 octobre 1896 – Naissance de Marguerite Hugo, deuxième enfant de Pauline et Georges, à Paris.

1897

En 1897, Georges et Jeanne financeront aussi le second, ou plutôt le troisième Pourquoi Pas, *une goélette en fer de trente et un mètres dotée d'un moteur à vapeur.* (PH, p. 173)

1898

J'avais quatre ans, quand, me faufilant dans son grand cabinet de toilette, rue de la Faisanderie, je vis sa silhouette à contrejour, en tenue de matelot, devant les fenêtres arrondies du comble à la Mansart. C'est mon premier souvenir

d'enfance. Mon père partait pour une période dans la marine, à Cherbourg. Il ne devait jamais revenir à la maison. (JH, p. 160)
Fuite de Georges Hugo et Dora Charlotte Dorian (1875-1951) à Florence, n'emportant que *deux valises* (Jacques de Lacretelle, *Les Vivants et leur ombre*, Paris: Grasset, 1977, p. 31).

1899

Fondation de l'*Action française* à Paris avec l'aide de Léon Daudet, ami d'enfance de Georges Hugo et son ex-beau-frère.
30 avril – naissance à Rovezzano, près de Florence en Italie, de François Hugo, fils de Georges et de Dora Dorian, mariée en premières noces avec Jean Ajalbert (1863-1947).

1901

29 juin – mariage de Georges Hugo avec Dora Charlotte Dorian à Balbigny, Rhône-Alpes, France (Geneanet, accès: 12 décembre 2014; http://gw.geneanet.org/garric?lang=de&p=dora&n=dorian).

1902

1902 – Dans un livret, intitulé *Mon Grand-Père*, publié à l'occasion du centenaire de Victor Hugo, Georges Victor-Hugo en décrivant la manière de manger de son grand-père ne montre non seulement le patriarche en action mais exprime également un aspect élémentaire de l'esthétique de ce dernier: *Il mangeait, avec un soin extrême presque toujours des mêmes mets. Sa grande gourmandise, et qu'il nous faisait partager, était le gribouillis, plat de son invention qu'il exécutait lui-même à table ; mélange de tout ce qu'on avait servi : œufs, viandes, légumes, sauces et fritures, sorte de pâtée qu'il découpait, hachait à petits coups de couteau et assaisonnait en y renversant la salière. (Mon Grand-père,* 1902)
1902 – « Décret : ‹ *Le Sieur Hugo (Georges, Charles, Victor, Léopold), [...] est autorisé à faire précéder son nom patronymique de celui de « Victor» et à s'appeler légalement à l'avenir « Victor-Hugo » au lieu de «Hugo»* › (cité d'après Laëtitia Desserrières, « ‹ Quelques feuillets arrachés au carnet de guerre d'un artiste inconnu › : Georges Victor-Hugo », n. 1, accès: 12 décembre 2014; http://collections.musee-armee.fr/quelques-feuillets-arraches-au-carnet-de-guerre-dun-artiste-inconnu-les-croquis-de-georges-victor-hugo/). Il *paya une forte somme en francs-or pour cet ajout* [d'un trait d'union], *afin que nulle confusion ne soit faite, lors de la fameuse affaire Dreyfus [1894-1906], où l'on put croire que le nom d'Hugo était d'origine allemande !* (PH, p. 33)

1905/1906

En 1905, Charcot *divorce de ma grand-tante.* [Il] *a trente-huit ans. Mon grand-père Georges, un an de moins. Mon père a six ans.* (PH, p. 174)

Des années plus tard, j'avais onze ou douze ans, je sortais d'un spectacle à l'hippodrome de Montmartre, avec ma mère, ma sœur et d'autres gens. Je remarquai un homme élégant qui montait en voiture et donnait un pourboire au chasseur. Quelqu'un murmura : « C'est Georges. » / Et l'on nous fit regarder ailleurs. / – Tu as un père très gai, me dit mon oncle Negroponte, le troisième mari de Jeanne Hugo, *en roulant de gros yeux noirs. / Je désirais vivement le connaître. Mais les pourparlers avec ma mère échouèrent.* (JH, pp. 160/161)

1910

Portrait d'une femme dans un salon peint par Georges Victor-Hugo: « Dora, vue de dos », fait de la nuque et des cheveux roux de Dora, sa seconde femme : en était-il déjà séparé, vu qu'il ne l'a pas peinte du devant, était-elle déjà devenue un souvenir lointain pour lui ?

1913

29 mai – *création du* [ballet du] Sacre du printemps *de Stravinski* à Paris (François Nemer, *Cocteau*, p. 30).
Le 22 novembre [...], mon père fit porter une lettre à ma mère: « Je viens vous demander, madame, la permission d'embrasser mes enfants. Je voulais, depuis longtemps, vous prier de m'aider à les revoir. Mais j'ai toujours reculé, je l'avoue, devant une émotion que je ne me sentais pas capable de maîtriser vis-à-vis d'eux. Une circonstance tragique force l'événement : Edouard Lockroy est mort cette nuit. Ma pauvre mère est malheureuse ; elle a besoin de sentir autour d'elle ceux qui l'aiment et qu'elle aime. Elle a bien son vieux fils, il lui faudra tout de suite Jean et Maggy. » (JH, p. 161)

1914

Georges Victor-Hugo : Autoportrait, 1914, Guernsey Museums.
Je le revis souvent au cours de cette année 1914 qui commença quelques jours plus tard. (JH, p. 163)
Dimanche, 29 mai – Georges Victor-Hugo assiste avec ses enfants au *XXIXè anniversaire de la Mort de Victor Hugo* au Panthéon, rue Soufflot, Paris. (Société Victor Hugo, *Les fêtes de Victor Hugo à Guernesey*, Paris : Librairie Ollendorff, s.d., p. 93)
7 et 8 juillet – *Au début de juillet, on devait inaugurer à Guernesey la statue de Victor Hugo par Jean Boucher. Mon père nous emmena avec lui, ma sœur, mon frère et moi, et décida de passer par Londres. Il voyageait toujours dans le plus grand luxe.* (JH, p. 164)
31 juillet – assassinat à Paris du socialiste Jean Jaurès (1859-1914).
2, 3, 4 et 7 août – déclarations de guerre (François Nemer, *Cocteau*, p. 35 ; Pierre Chavot ; Jean-Denis Morenne, *l'ABCdaire de la Première Guerre mondiale*, Paris : Flammarion, 2008 (2003), p. 11).

1915

Quand on l'appela enfin sous les drapeaux, à la fin de l'hiver, ce fut pour découper des journaux, à la censure, boulevard des Invalides. Ce n'était pas du tout « la bataille ». Il ne se découragea pas et recommença ses démarches. (JH, p. 168)

20 avril – mort d'Adèle Hugo à Suresnes, la seconde fille de Victor Hugo (*Les fêtes de Victor Hugo à Guernesey*, p. 108).

Mai – publication de Victor Hugo, *Pro Patria*, Paris : Librairie Delagrave, choix de poèmes fait par Georges Victor-Hugo et Gustave Simon (1848-1928 ; réimprimé en 1916).

Juin – *Il finit par être attaché, au mois de juin, à un état-major de brigade et partit pour le front de Lorraine.* (JH, p. 168)

Septembre – Georges Victor-Hugo date sept dessins de son ouvrage *Sur le Front de Champagne* 25, 26, 27, 28, 29 septembre [3]).

16 octobre – *Le petit-fils de notre poète national, parti sur sa demande aux armées, a été l'objet d'une citation à l'ordre du jour avec Croix de Guerre, à l'occasion de la Bataille de Champagne. // ‹ Victor-Hugo, Georges, sous-lieutenant au 171e régiment d'infanterie, officier de liaison* (*Les fêtes de Victor Hugo à Guernesey*, p. 111).

Novembre – trois dessins datés dans *Sur le Front de Champagne ;* parfois ne nommant que le mois.

Décembre – six dessins datés dans *Sur le Front de Champagne* (12, 25, 27 et 29 décembre).

1916

Février – cinq dessins datés dans *Sur le Front de Champagne* (4, 5, 14, 27 février [2]).

Mars – deux dessins datés dans *Sur le Front de Champagne* (5 et 15 mars).

Avril – un dessin daté dans *Sur le Front de Champagne*.

16 décembre – *L'artiste Sem publie un article sur les croquis de guerre réalisés par Georges Victor-Hugo [...] dans le journal* L'Illustration. *[...]* [Ce dernier] *raconte lui-même la fabrication d'un dessin : ‹ je le coloriais légèrement avec ce que j'avais sous la main. Un peu de jus de tabac et une goutte de café sucré, cela fait une sépia épatante ; avec un peu de pinard on fait du sang magnifique, et, pour obtenir le terrain, le ton général du paysage, ce ton blanchâtre de la Champagne, je délayais un peu de la craie attachée à ma capote. . . et voilà ! ›* Sem, « L'artiste inconnu » (note 4).

1917

Février – Exposition des aquarelles faites d'après nature : *100 croquis de guerre par Georges V.-Hugo*, tenue au Musée de l'Union centrale des arts décoratifs au Pavillon de Marsan, à Paris. *Les expositions consacrées à l'œuvre d'un seul artiste ne sont pas moins nombreuses. Elles montrent un grand éclectisme, une intelligente liberté de la culture et de la curiosité. Voici de 1905 à 1920, les expositions*

Philippe de Lassalle, Chinard, Odiot, Rossigneux, Giraldon, Edme Couty, Hippolyte Berteaux, Paul Renouard, Daniel Vierge, Toulouse-Lautrec, Jules Chéret, Willette, Steinlen, Barrère, Forain, Bernard Naudin, Méheut, Manzana-Pissarro, Duvent, Georges Victor-Hugo, René Piot, Gilbert Bellan. (J.-L. Vaudoyer, *Le musée de l'Union centrale des arts décoratifs au pavillon de Marsan*, «Revue de l'art ancien et moderne», Paris: 1920, p. 24 ; p. 26)
Mai – dernière excursion de Georges Victor-Hugo *sur le front de Noyon* [Val d'Oise], *reconnu comme artiste, chargé d'une mission artistique aux armées confiée par le sous-secrétariat d'État des Beaux-Arts* (Laëtitia Desserrières, p. 3 ; accès: 12 décembre 2014).
La publication en 310 exemplaires facsimilés par André Marty, numérotés, de *Sur le Front de Champagne – Ferme de Navarin – 1915-1916*, Paris: Devambez, Éditeur 43, boulevard Malherbes, MCMXVII (1917), datée le 10 octobre 1917. N'étant pas content des fac-similés, Georges Victor-Hugo se met au coloriage de sa propre main.

1918

Georges Victor-Hugo, dessin, autoportrait, Louvre.
11 novembre – à 11 heures 11 du matin, c'est l'Armistice signé à Compiègne.

1919

28 juin – on signe le Traité de Versailles, la fin officielle, dit-on, de la Première Guerre mondiale.
7 août – mariage de Jean Hugo avec Valentine Gross (1887-1968).

1920

M. Georges Victor-Hugo, dans son Album de soixante croquis et dessins sur la guerre, *a donné, excellemment reproduites par M. André Marty, les meilleures pages de sa belle exposition, en février 1917, au Pavillon de Marsan ; on y retrouve ses grandes qualités d'atmosphère, de couleur, de précision ‹horaire› à la* Henry van de Velde *[1863-1957], de poésie et d'exactitude; chez lui, la nature met sur l'horreur et la dévastation son voile de charme; elle absorbe l'homme et ses tristes actions.* (Clément-Janin, *Les Estampes, Images et Affiches de la Guerre*, Paris: Gazette des Beaux-Arts, 106, Boulevard Saint-Germain (VIè), 1919, p. 22.)
19 août: *Le lendemain, à Guernesey, sur le quai de Blanche-Roque, entre Farrell et Falla, mon père nous attendait, un foulard de soie hâtivement noué, à cause de l'heure matinale, autour de son cou.* (JH, p. 175)

1921

18 juin – création des *Mariés de la tour Eiffel*, pièce de théâtre, par Jean Cocteau ; *Costumes et masques de Jean Hugo* (François Nemer, *Cocteau*, p. 54 ; Jean Cocteau, *Antigone* suivi de *Les mariés de la Tour Eiffel*, Paris: Gallimard, 2004 (1977 ; 1948, p. 73).

13 août – mariage de François Hugo avec Andrée Decaux (1898-1980 ; Geneanet: accès, 14 décembre 2014; http://gw.geneanet.org/garric?lang=fr&p=francois+victor&n=hugo).

1925

Jour de l'an. Jean Hugo visite son père qui est souffrant (JH, p. 248).
Fin janvier – *Vers la fin du mois, mon frère me téléphona : « Papa a une congestion pulmonaire. »* (JH, p. 248) Il n'y a plus d'espoir!
1er février – *Mon père voulut voir un prêtre. J'avais rencontré, chez Mme Cocteau et ailleurs, l'abbé Mugnier, convertisseur de Huysmans et de Coppée, et admirateur enthousiaste de Victor Hugo.* (JH, p. 248)
4 Février – *Un soir, dans la salle de bains au bout du couloir, à genoux les coudes sur le bord de la baignoire, je priai pour la première fois.* (JH, p. 250)
5 février – *Le lendemain, 5 février, à onze heures du matin, l'abbé Mugnier était avec moi dans la chambre inoccupée qui nous servait à la fois de salon et de dortoir, quand ma belle-sœur sortit tout à coup de la chambre de mon père et dit: « C'est fini. – Je vais dire un* De profundis*», dit l'abbé.* (JH, p. 250)
6 février – *Le lendemain, on coucha mon père dans sa bière.* (JH, p. 251)
9 février – *L'enterrement eut lieu trois jours plus tard à neuf heures et demie du matin.* (JH, p. 251)

1927

14 juin 1927 – Suite au testament de Georges Victor-Hugo, Jeanne Hugo, sa sœur cadette, et ses enfants, Jean, Marguerite et François Victor-Hugo font don à la France de Hauteville House. (JH, pp. 277-279 ; Graham Robb, p. 536 ; PH, p. 19).

1929

Don de seize œuvres de Georges Victor-Hugo au Musée du Louvre par Hector Gustave Brame.

1931

Publication posthume du livre: *Mon Grand-père*, Texte et aquarelles de Georges Victor-Hugo, Paris: Librairie de France (*Aquarelles et Dessins de Georges Victor-Hugo (1868-1925). Exposition du 8 au 25 avril 2008*, Paris: Galerie Normand, 2008 p. 2 ; 5).

1953

Acquisition de la collection d'ouvrages d'art de la part du bibliothécaire et collectionneur Hanns Heeren (1893-1964), ancien aviateur de guerre dans la Grande Guerre, dont *Sur le Front de la Champagne*, par la Universitäts- und Landesbibliothek Münster en Westphalie. Don d'une collection d'œuvres largement impressionnistes au Musée du Louvre par Carle Dreyfus, ci-incluses onze œuvres de Georges Victor-Hugo qui ne furent pas exposées à l'époque.

2001/2002

Découverte du carton contenant *Sur le Front de la Champagne* au catalogue numérique de la Universitäts- und Landesbibliothek Münster.
26 février 2002 – lors du bicentenaire de Victor Hugo, première présentation des diapositives tirées des aquarelles de *Sur le Front de la Champagne* lors d'une soirée à Münster en Westphalie.

2008

Du 8 au 21 novembre 2008 – Exposition *Menschen im Ersten Weltkrieg* avec présentation vidéo de l'ouvrage *Sur le Front de Champagne* à Leer, Frise orientale. Publication d'un choix au catalogue du même titre, disponible en tant que PDF sur Internet.

2014

Publication de la liste de la collection sur la Grande Guerre sur Internet par la Universitäts- und Landesbibliothek Münster en Westphalie.

2015

Vernissage de l'exposition «À l'Ouest rien de nouveau?» le 26 février à Oldenburg. Découverte du journal de guerre d'Otto Bernstorf (1888-1969), professeur de français, soldat servant du côté allemand du front de Champagne, qui révèle que ses camarades étaient originaires du Grand-Duché d'Oldenburg et de la Frise orientale.

2015/2016

Exposition itinéraire avec des stations à Hanovre; Berlin; Ulrichsgymnasium Norden; Cologne; Leipzig; Cäcilienschule Wilhelmshaven; Otto-Hahn-Gymnasium Böblingen; Mediathek | Institut Culturel Franco-Allemand de Tübingen.

À L'OUEST, RIEN DE NOUVEAU ?

Catalogue des dessins méconnus de Georges Victor-Hugo de Sur le Front de Champagne *(1915/1916)*

Dessinés sur le vif, les ouvrages de cet album sont vraiment quelque chose de nouveau sur le front occidental, vu que le fameux roman *À l'ouest, rien de nouveau* d'Erich Maria Remarque (1898-1970), publié en allemand en janvier 1929, par exemple, fut écrit après coup.

Le film, sorti en 1930, et les multiples rééditions et traductions du livre ont fait que d'autres ouvrages contemporains ont disparu, tel *Soldat Suhren* (1927) par l'écrivain-peintre Georg von der Vring (1889-1968) qu'il notait dans des cahiers scolaires lorsqu'il travaillait comme professeur des arts plastiques au Marien-Gymnasium à Jever en Frise. C'est sous le titre « Connaissez-vous Böcklin ? » qu'on peut lire un chapitre qui traite de l'art en temps de guerre : « Meyer connaît le fusil. Le fusil est sa fiancée. Et comment il sait s'y prendre ! D'allure militaire ! Meyer est l'homme qui sait tout. Il connaît Corinth et Böcklin, Hindenburg et Rembrandt, la France et l'Allemagne. »[22]

Du même âge que Georges Victor-Hugo, l'artiste allemand Georg Lührig (1868-1957), dès 1916 professeur à l'Académie des Beaux Arts de Dresde, s'était rendu au front de la Champagne au printemps de 1915, y signant 183 ouvrages dont le portrait d' « Un homme à barbe longue » (no. 22), un « Jardin français » (no. 50), comme le ferait un touriste, « Deux sentinelles dans la tranchée » (no. 66) ayant l'air d'avoir assumé une certaine pose plutôt héroïque, daté le 3 juin 1915 ; aussi bien que deux « Tirailleurs, debout » (no. 102), daté du 15 septembre, donc dix jours avant que n'éclate l'offensive à laquelle participe le régiment de Georges Victor-Hugo.

Pour le catalogue de l'exposition au Sächsischer Kunstverein, Dresde, février/mars 1916, on a pris soin de ne rien représenter de choquant, donc les « Deux têtes de morts » (no. 12), ou les « Français, prisonniers » (no. 32/33) et les maisons détruites à Juniville (no. 124 et no. 128) ne figurent que sur la liste. Seule se retrouve représentée dans le catalogue « Une ferme à Juniville » (no. 123), un tableau qui a l'air rassurant d'un reflet fidèle d'une réalité assez pittoresque.[23]

Heinrich Vogeler, un autre peintre allemand sur le front de l'ouest, se fait photographier devant son chevalet, et même à l'instar du dessin en couleurs des « Ruines dans un village français » (1916) il fait preuve du statut d'un artiste qui travaille dans son jardin « suivi des regards curieux des villageois ». À l'époque, les atrocités de la guerre, voire celles de Verdun, ne semblent pas trop le perturber.[24]

Regardant, après cette esquisse introductrice, l'album *Sur le Front de Champagne*, on s'aperçoit de la clarté de ces dessins, clarté rendue par ce que le peintre appelle « ce ton blanchâtre de la Champagne ».[25]

« En septembre [1915] », selon une introduction à l'étude de la Grande Guerre, « la Champagne et l'Artois sont le théâtre d'une attaque d'envergure qui n'aboutit à rien : Français et Britanniques butent contre le rideau défensif et meurtrier des Allemands. Le 5 octobre, alors que les soldats ont reçu l'ordre d'avancer quel que soit le danger, Joffre se résigne à tout arrêter. Les pertes sont considérables de part et d'autre. »[26]

No. 1. 25 septembre 1915, le premier jour de l'attaque.
Daté, ce premier dessin reflète les événements parallèles à ceux déclenchés simultanément en Artois et évoqués par Jean Hugo dans son autobiographie *Le regard de la mémoire* (p. 42). Les soldats à l'assaut tels que représentés textuellement et en peu de mots, Georges Victor-Hugo les a aussi bien montrés de dos, que de profil et de loin, mais également morts.

No. 2. A l'aube du 26 septembre 1915, devant le bois U.18.
Ici, Georges Victor-Hugo se trouve tout juste derrière la ligne de feu – dans un champ dont on voit déjà les cicatrices ainsi que les éclats et les trous d'obus.[27]

No. 3. Nos tranchées au bord de la route de Souain, un quart d'heure avant notre deuxième attaque.
Un peintre aux tranchées – quelle vue de l'attaque imminente avec les soldats coude à coude, tous derrière leurs fusils ! Il n'y a pas de pose militariste, la tension est palpable.[28]

No. 4. Pendant l'attaque du 27 septembre.
Le peintre que son fils savait rempli « d'enthousiasme et d'ardeur guerrière » (JH, p. 13) et avec un passé rempli de souvenirs de guerre aussi bien que d'images de batailles, a dû « prendre part à ‹ la bataille › » (ibid.) pour si bien s'approcher de la ligne de feu.
Officier de liaison, il reste tout près des soldats, rendant la réalité de la mort plus tranchante par le danger de mort qu'il courait en poursuivant sa passion de ne rien négliger.[29]

No. 5. Enlèvement de mon Colonel blessé, le soir de la bataille (27 septembre).
Dans son journal à dessins, très probablement un simple bloc à spirales[30], ce n'est qu'ici que Georges Victor-Hugo nous montre un officier. Peut-être se voulait-il si fort observateur de poilus qu'il ne renonçait pas non plus à rendre plus grands les brancardiers et la tranchée. À ce point, ce dessin sort de la convention qui tend à montrer l'histoire militaire illustrée par Georg Lührig qui en janvier 1915 à Moronvilliers en Champagne avait signé un portrait de son capitaine (no. 42 du catalogue cité).

No. 6. Dans nos tranchées du bois U. 18 : un brave petit, monté sur le parapet pendant le bombardement, signale à l'artillerie que notre tir est trop court (28 septembre 1915).
Une image et impressionnante et touchante de ce petit homme avec le courage d'affronter le feu amical en pleine bataille pour signaler à ses camarades ce qu'on ne savait pas encore faire à l'aide de communication par radio.[31]

No. 7. Les tranchées du bois U. 18, le matin du 29 septembre 1915.
Le journal de guerre se poursuit, et il nous faut accepter l'idée que le peintre a vu ces poilus de front, un soldat lui-même qui, selon son fils, « s'était fait tondre la tête et graissait soigneusement chaque jour de grosses chaussures à clous » (JH, p. 13).

No. 8. Un mort dans un trou d'obus.
Pour avoir vu ce mort de si près, Georges Victor-Hugo aurait dû profiter de son entraînement « à la marche en assouplissant ses brodequins neufs » avec son fils Jean au mois d'août 1914 quand « Nous marchions ensemble dans Paris » (JH, p. 13).

No. 9. Devant le bois N. 14, le 29 septembre 1915.
Voilà un tableau de « ‹ la bataille › », à l'opposé de la scène parisienne qu'évoque Jean Hugo : Attablés[32] « à la terrasse du café Weber Rue Royale », c'est « Soudain, [que] nous vîmes déboucher de la place de la Concorde un peloton de dragons : plusieurs d'entre eux n'avaient plus de lance, quelques-uns étaient sans casque et l'un d'eux avait la tête bandée. [...] ce que nous avions vu ne nous semblait [...] pas de bon augure. » (JH, p. 13) Ces deux images, celle dessinée par le père aussi bien que celle décrite par le fils, s'opposent à celle « dans la salle de rédaction » que mentionne Jean Hugo où « ne courait que des bruits vagues » (ibid.). C'est étonnant de voir comment les médias de masse de 1914 ainsi que ceux audiovisuels de 1990/1991 pendant la première guerre d'Iraq partagent l'art de camoufler et de cacher la réalité brute de la guerre. Pour transpercer ce voile, il nous faut alors les arts plastiques ou l'écriture ; cf. « Soldat en Iraq » par Herbert Müller, p. 62.

No. 10. On nous amène un boche qui se cachait sous des branches de sapin depuis le 25 (29 septembre).
D'abord on les nommait les Alboches, par exemple dans le roman *Les Soldats de la guerre. Gaspard* par René Benjamin (1885-1948) : c'est-à-dire les Allemands autant que les Boches. Le cliché est différent pour les femmes : «– Moi, j'attends le ballet, dit Gaspard, et c'est nous qu'on dansera avec les p'tites Allemandes. » (*Gaspard*, p. 13) Pour Georges Victor-Hugo, après bientôt 14 mois de guerre interminables et deux mois depuis qu'il est au front, il n'y a plus que des Boches. Vue d'en bas de la tranchée, cette image révèle tout le désespoir inconsolable d'un homme laissé seul – sans camarades, sans armes, sans nourriture.

No. 11. Passage d'un brancard sur le champ de bataille.
Avec au fond la bataille incessante, c'est la victime du moment qui se trouve au premier plan.[33]

No. 12. Descente dans un boyau.
Georges Victor-Hugo doit avoir été bien courageux, lui aussi, pour avoir vu cette descente, une fuite dirait-on, ou bien il l'a imaginée après coup. Il s'agit d'une descente afin de se sauver du feu – par opposition à la « Descente dans le Maelström », le conte d'Edgar Allan Poe dont l'artiste allemand Jochen Stücke (*1962) a fait une série de gravures sur bois.[34]

No. 13. Un coin d'une de nos tranchées de soutien.
On y reconnaît bien la composition de ce boyau et l'équipement des soldats dont quelques-uns parlent au coin, ce qui ressemble à un « Coin de rue » que Georges Victor-Hugo avait rendu à Guernesey (GN, p. 4).

No. 14. Un petit détachement dans le boyau d'Uriage, au matin [novembre 1915].
Pris d'amour pour la vue panoramique d'un bistrot avec des « Types de Guernesey » ou de la « Rue à Guernesey, le soir » (GN, p. 2/3), où pourtant il privilégie un individu ou un

magasin illuminé avec des petits garçons en guise de matelots debout devant la fenêtre, Georges Victor-Hugo présente ce groupe de soldats vus d'en haut tel que l'avait fait son grand-père avec la capitale dans le fameux chapitre du roman *Notre-Dame de Paris* (1831).[35] Le peintre doit être monté sur le parapet. Ou bien il a très bien imaginé la scène. Parfois écrire sur place est beaucoup moins dangereux que dessiner sur le vif, à moins qu'on ne se serve de son imagination d'espace dans ces situations.

No. 15. Défenses accessoires boches bouleversées par notre artillerie (ouvrages de Wagram). [novembre 1915]
Les haies barbelées à l'arrière-plan donnent l'impression d'un tohubohu dont personne ne saurait s'extraire. Georges Victor-Hugo a pris la photo d' « Un coin du village Souain, en Champagne, détruit en novembre 1915 », révélant les ravages effectués par la canonnade d'une manière réaliste, alors que son propre dessin rend les épaves des fortifications allemandes de façon plus expressive, exprimant les détails de façon si grotesque parfois qu'ils nous font toujours peur.[36] Sont plutôt rassurantes par contre la photo du village aussi bien que le portrait de l'artiste en soldat fait également en novembre 1915 : Georges Victor-Hugo portant son képi lorsqu'il se trouve sur une planche traversant une tranchée. Pendant quelques mois, il aurait pu croiser le chemin d'un jeune artiste allemand : « De novembre 1915 à décembre 1916, Otto Dix (1891-1969) se retrouve sur le front en Champagne, et combat en Artois et dans la Somme. Il signe un *Autoportrait en forme de cible* ainsi que de nombreux dessins (près de 600) très descriptifs – scènes de tranchées, architectures de guerre, etc., où l'horreur reste discrète [..]. Il gravera en 1924 *La Guerre*, une série de cinquante eaux-fortes sur le thème de la guerre, très crues, sanglantes, où l'horreur et l'épouvante évoquent Goya comme [...] *La Sentinelle de la sape morte.* »[37]

No. 16. L'arrivée du pinard.
L'arrivée du vin bon marché pour les poilus – un fait divers de la guerre qui nous révèle Georges Victor-Hugo en tant qu'observateur de la vie quotidienne, lui dont la boisson de 1914 était « un export curaçao, mélange de vermouth et de curaçao » (JH, p. 13), la boisson d'un dandy d'un certain âge.

No. 17. Agent de liaison & travailleurs.
La division du travail dans l'armée de terre : c'est quelque chose de rare dans l'œuvre de Georges Victor-Hugo qui de la vie de tous les jours ne manque pas de rendre une « Jeune fille se déshabillant » ou un « Pierre Louÿs, malade » (GN, p. 19 ; p. 18).

No. 18. La relève quitte la route de Souain pour prendre le boyau qui mène aux premières lignes. [27/12/1915]
Trois mois après le début de l'offensive, suivant la seconde trêve de Noël dont les généraux des deux côtés ne voulaient pas,[38] c'est devant les arbres sans feuilles qu'on aperçoit avec le dessinateur ceux dont l'arrivée permet aux observateurs de quitter le front pour une permission. Devant ces coulisses dénudées d'un paysage hivernal, la guerre n'a plus rien d'héroïque. La position où se trouve l'artiste est bien similaire à celle assumée pour les « Voiliers sur la mer » qu'il a probablement connue à bord d'un bateau parce qu'on voit la côte aussi (GN, p. 23).

No. 19. Bombardement de l'église de Souain. [décembre 1915]
De nouveau, le peintre, «peu accoutumé à se servir de ses jambes» (JH, p. 13), puisque dès les années 1870 il avait parcouru Paris en calèche d'abord avec son grand-père, puis avec les dames qu'il courtisait, a dû s'y rendre à pied pour voir et dessiner la destruction de près.

No. 20. Le boyau qui conduit à la ligne de feu, devant la tranchée des Vandales. [25 décembre 1915]
Il ne cesse de dresser la carte topographique ou presque du champ de bataille.

No. 21. Instituteur prussien prisonnier. [12/12/1915]
À l'opposé de son fils Jean Hugo, Georges ne rencontre les Allemands que comme prisonniers, soit seuls, soit en groupe (cf. no. 54).[39] Ce qui frappe ici, c'est que dans la légende il identifie l'Allemand – homme par ailleurs triste et fatigué – par sa profession et son origine prussienne plutôt que bavaroise, l'artiste qui avait, dans un passé lointain, enseigné la lecture, l'écriture et le calcul aux jeunes matelots de la marine française. Peut-être Georges se rappelle-t-il aussi, tout petit enfant qu'il était, avoir parcouru le champ de bataille de Sedan avec son grand-père. Voici le portrait d'un individu de la guerre de 14-18.

No. 22. L'avant-garde de la relève passe sur la route de Souain à Somme-Py. [29 décembre. 1915]
Pour une fois, l'observateur se trouve volontairement ou pas trop loin pour identifier les soldats individuels, suggérant ainsi aussi que c'est à la hâte qu'ils passent – par opposition à un dessin intitulé «Au front» (GN, p. 27), dont la composition nous permet de reconnaître un soldat au premier plan devant l'arrière-plan avec les troupes qui s'éloignent.

No. 23. Éclatement d'un obus de 150. [décembre 1915]
Il y a capté le moment précis de l'explosion, faisant voir ces trois poilus dont un seulement reste debout et en mouvement, alors que les deux autres essayent de se protéger.

No. 24. Un poilu du 171e.
Par opposition au dessin du Prussien (no. 21) dont les traits de visage restent flous, le portrait d'un soldat français, mis en scène en noir et blanc ou presque, ayant l'air combatif, comme légende ne porte que son générique: poilu; et son régiment. Il semble plutôt marcher que rester debout ou être au garde-à-vous (cf. GN, «Jeune femme au chapeau», p. 19).

No. 25. Matinée calme sur le champ de bataille de Navarin.
Sauf pour les éclats d'obus au loin, on ne voit rien et – on n'entend rien, si j'ose dire, de la guerre en ce début de journée.

No. 26. Agents de liaison rentrant de mission.
Avec un peu de distance, vu à l'aide de jumelles peut-être, Georges Victor-Hugo nous montre ce petit détachement à deux devant l'horizon noirci de la nuit et devant l'arbre que la guerre à fait exploser.

No. 27. Un jeune chasseur qui pense à un tas de choses. [‹fantaisies›]
Ce ne sont pas les rêves ni les visions de son grand-père qui les avait traduits en poèmes ou en romans ou aussi en ouvrages d'arts[40] mais plutôt les faits de guerre qui font que Georges Victor-Hugo nous dessine un chasseur qu'il sait jeune encore.

No. 28. Croquis.
Sur le fond clair, ces deux soldats semblent tout à fait détachés d'une actualité et des faits militaires comme s'il s'agissait d'une étude.

No. 29. Idem.
Le poilu à droite a l'air d'un vrai Pierrot, d'un des «Types de Guernesey» (GN, p. 2), quoique celui-là se trouve au comptoir d'un bistrot et qu'il ne porte qu'une casquette et que le rouge de l'uniforme du soldat ne soit plus qu'une allusion faible à la couleur employée en temps de paix.

No. 30. Les bords de la Ain.
Difficiles à voir : les rives du fleuve dans ce paysage blanchâtre et onduleux.

No. 31. Le barda d'un poilu dans une tranchée prise aux boches.
En suivant les attaquants avec son bloc à dessin, Georges Victor-Hugo à dû se reposer là où un poilu avait laissé son barda, fusil inclus. Est-il mort ou blessé ou seulement parti pour répondre à un besoin ?

No. 32. L'enlèvement de la boue dans les boyaux.
La pluie et tout le mauvais temps de l'hiver font que les soldats travaillant dans ces boyaux ressemblent à des mineurs dessinés par un artiste expressionniste.

No. 33. Des renforts sortent de leurs abris après le passage d'un Taube [d'un avion boche].
Il ne s'y agit pas d'un pigeon-voyageur dont on se servait toujours en 14-18, mais d'un avion dit *Taube*, pigeon, inventé et construit en 1911 par Edmund Rumpler (1872-1940), professeur à l'Académie des Beaux Arts de Vienne.

No. 34. Potut met le nez dehors pour regarder voler un Taube *[un avion boche].*
Sachant que c'est un avion de reconnaissance, le soldat n'a pas peur, ce qui confirme le texte plutôt léger de la légende.

No. 35. Tombes boches sur le champ de bataille.
Ces tombes ont toujours l'air de celles érigées lors de la guerre franco-prussienne en 70/71 avec les croix en bois et les noms des soldats.

No. 36. Idem.
Ici, le dessinateur s'en est approché de plus près sans pourtant manquer de discrétion. Aujourd'hui, il y aurait peut-être des gens qui aimeraient savoir que leur parent y était enterré.

No. 37. Retour à la soupe après le travail.
À nouveau, Georges Victor-Hugo établit la chronique des différents secteurs de l'armée de terre : les soldats qui travaillent ou viennent de le faire ou les vrais combattants. Il

nous montre donc un univers uniquement mâle tout à fait dérobée de la transcendance palpable dans un monastère.[41] Pour un ancien combattant de la Première Guerre mondiale qui ne voulait pas parler de ses expériences, l'amitié d'un moine aurait été une solution.[42]

No. 38. Nos défenses accessoires entre la première & la deuxième ligne. [La tranchée des Vandales]
Comparée avec le no. 15, on y voit très bien l'ordre militaire à nouveau imposé après la conquête de cette partie de la Ferme de Navarin.

No. 39. Un poilu prend un peu d'air.
Voilà un peu de calme tout au milieu du fracas de la guerre – tel que le rend Georges Victor-Hugo avec son aquarelle « Femme endormie » (GN, p. 10). Vu de dos comme « Dora, vue de dos », 1910, le portrait de sa deuxième femme, ce poilu ne se sait peut-être pas observé, tandis que la femme endormie, dont les traits de visages ne sont pas reconnaissables est vue de face.[43]

No. 40. Le champ de bataille de Navarin, vu d'un observatoire.
Ce poste d'observation lui donne une perspective vue d'en haut ou presque. L'horreur de la bataille y est visible sinon audible par ce qu'on se rappelle avoir lu chez le jeune Georges Hugo : « Alors, je suis pris de l'envie folle, – oh oui, bien folle ! – de crier de toutes mes forces, de tout mon cœur : Camarades, camarades, ne venez pas ici ! Restez aux champs, courez la mer sur vos bonnes barques. Ne venez pas ici, où vous connaîtrez l'humiliation, où vous comprendrez la haine. » (*Souvenirs d'un matelot*, p. 279).

No. 41. Notre tranchée de première ligne dans le bois P. 15, à 30 mètres des lignes ennemies.
En regardant de plus près, on aperçoit aisément la ligne du feu à cause des arbres dont ne restent que des débris.

No. 42. La place de l'Opéra. [l'humour noir : l'ironie !]
Ensemble, c'est tout ! – bien avant la lettre – pourtant c'est en pleine guerre que Georges Victor-Hugo y fait allusion à la vie bourgeoise que suggère l'idée de l'opéra telle qu'il l'a rendue dans « Au concert Mayol »[44] ou « Dans une rue animée » (GN, p. 7 ; p. 6).[45]

No. 43. Le chasseur Schatz, alsacien, apporte au Colonel une torpille boche non éclatée qu'il a été chercher, sous le feu, devant la tranchée de première ligne.
Pour une fois, comme pour quelques-uns de ses portraits, Georges Victor-Hugo nomme son sujet, et à nouveau l'officier n'est présent que dans la légende (cf. no. 5 ; GN, p. 18 : Mademoiselle Moussa ; Pierre Louÿs).

No. 44. Un poste de commandement camouflé.
Plutôt que de regarder le bâtiment provisoire caché ou presque à gauche, on étudie les trois poilus dont l'un semble avoir perdu toute couleur à la lueur blanchâtre du fond où disparaît le paysage. Il ne consiste qu'en contours.

No. 45. La Cabane, sur la route de Souain à Somme-Py.
C'est la troisième fois que l'artiste nous fait voir la route de Souain à Somme-Py (cf. no. 18 et no. 22), cette fois à la lueur douce d'une journée d'hiver.

No. 46. [Vincent,] Notre vaguemestre.
Il est rare que Georges Victor-Hugo nous nomme les sujets de ses portraits (cf. no. 43), mais il emploie aussi une écriture particulière qu'on ne retrouve que pour le portrait de « Pierre Louÿs, malade » (GN, p. 18) et qui nous fait également penser à Vincent van Gogh, l'homonyme du soldat. Même au front de Champagne, le monde des beaux arts et des belles lettres semble toujours proche (cf. no. 33).

No. 47. [Obus fusants.] Éclatements de fusants au crépuscule.
Il y a là, tôt le matin, « la terrible beauté » de la bataille, dont parlera le poète irlandais William Butler Yeats (1865-1939) moins d'un an après la rébellion de Pâques échouée à Dublin en avril 1916.[46]

No. 48. Préparation d'artillerie : bombardement de nos premières lignes & de la route de Souain (4 février 1916).
Reprenant son rôle de chroniqueur de la bataille, Georges Victor-Hugo se fait journaliste de ce qu'il a vu, ce qu'il fera également pour l' « Église St. André, Bordeaux, 2 mai 1916 » (GN, p. 22) où, à l'opposé des détails de la guerre, l'intérieur semble être estompé. Pourtant, l' « Intérieur d'appartement » n'est pas moins vague (GN, p. 16), comme s'il avait besoin de l'air pour apercevoir et faire voir les choses clairement.

No. 49. Bombardement du 5 février. [Navarin.]
Mis à part les haies barbelées et les quelques arbres qui restent, on ne voit que ‹ le feu d'artifice › meurtrier de cette matinée.

No. 50. Un chasseur du 19è explique au Colonel, en cassant la croûte, comment il vient d'échapper à l'explosion du dépôt de munitions du bois P. 15 (14 février).
C'est la troisième fois seulement que l'artiste mentionne un officier en ne faisant que le portrait de son interlocuteur subordonné. La lame du couteau en l'air semble servir d'index (cf. no. 5 et no. 43).

No. 51. Le départ de l'attaque allemande : le 27 février [1916 – 4 h. 35].
Plus tranchante encore que la réalité de l'attaque française vue sur le dessin « Au front » (GN, p. 27), cette image rend palpable la « terrible beauté » de l'attaque allemande que l'artiste a vue arriver vers la tranchée française.

No. 52. Un jeune rescapé de l'affaire du 27 février [19e chasseurs].
De retour à l'étape, Georges Victor-Hugo, lui aussi survivant et témoin de la bataille (cf. no. 51), ne manque pas de rendre le fait que le soldat a toujours son fusil et son casque et qu'il se porte tout droit comme le chasseur dans « Une rue animée » (GN, p. 6).

No. 53. La neige (5 mars). [1916 Navarin].
Un groupe de soldats qui se débrouillent dans le paysage dominé par l'hiver et un horizon

où seuls les obus fusants sortent du ton blanc, gris, grisonnant. Cela n'a plus rien à voir avec les gens élégants s'amusant « Au Palais de Glace des Champs-Élysées » (GN, p. 12).

No. 54. Passage de prisonniers dans la grande rue de Suippes. [15 mars 1916].
C'est un village en Champagne près du front, mentionné sur un site web où ne figurent ni Hugo père ni Hugo fils.[47] En revanche, on y mentionne au printemps 1915 la présence de l'écrivain Guillaume Apollinaire (1880-1918).[48] Tout ce que montre Georges Victor-Hugo dans son dessin de guerre ressemble fort à « Une procession » (GN, p. 11) où tout n'est pas concret. Mais en Champagne, chacun porte toujours son fusil : « la fiancée », selon le roman de Georg von der Vring – comme il se doit pour des prisonniers de guerre – non pas l'effigie religieuse.

No. 55. Deux de nos tombes dans un parc à Suippes.
Les morts français y semblent être anonymes.

No. 56. Le savetier du 112è territorial, dans un vieil abri boche.
Il y a un cordonnier du régiment que l'artiste a représenté tel qu'il avait représenté à la Belle Époque un danseur avec sa musette « Au café-concert » ou une « Chanteuse de cabaret » ou une « Femme au piano », vue de profil, « L'acteur Duroc » ou, enfin, un « Peintre à son chevalet », vu de dos (GN, p. 8/9, p. 15, p. 17, p. 20).

No. 57. Mon agent de liaison contemple des fusants.
Le cordonnier travaille pour la guerre, l'officier de liaison est en train de la regarder pour la faciliter.

No. 58. Des renforts attendent l'heure de l'attaque dans un boyau, la nuit (avril).
Les hommes, serrés comme des sardines, en attendant l'action – ce n'est ni travail ni contemplation non plus. À l'artisan de no. 56 et au philosophe de no. 57 qui ont chacun leur rôle individuel et actif, s'opposent les combattants qui ne se trouvent pas encore en enfer mais aux limbes.

No. 59. En première ligne, lendemain d'attaque, à 20 mètres des boches.
Le calme suivant la tempête – Georges Victor-Hugo l'a également vu – confirme à nouveau le « peintre très véridique de la Grande Guerre » évoqué dans la préface du catalogue de la Galerie Normand (p. 1).

No. 60. Un blessé à l'hôpital de Châlons.
Ce qui vaut pour la marine en temps de paix : cette horreur devant « la haine » et face à « l'humiliation » qu'avait connue le jeune Georges Hugo, cela vaut aussi bien pour l'infanterie en temps de guerre. L'album se clôt sur un dessin montrant un blessé. Vu à l'intérieur d'une chambre, ce convalescent ressemble à cet « Homme lisant sur son lit » (GN, p. 20) à tel point que la scène de la vie civile et celle de la vie militaire soient comparables puisque sur la table de chevet du premier sous la carafe d'eau est posé son casque comme s'il espérait bientôt repartir au front. Peut-être est-il l'écrivain Blaise Cendrars (1887-1961) qui avait perdu son bras droit le 28 septembre 1915 sur le front de la Champagne mais dont « on ne disait pas que son bras était resté à la ferme de Navarin, en Champagne » (JH, p. 112).[49]

1 Victor Hugo, *Choses vues [CV] 1849-1885*, Édition d'Hubert Juin, Paris: Gallimard, 1997 (1972), p. 567; Victor Hugo, *Carnets [Cs]*, in: *Œuvres Complètes. Voyages*, Présentation de Claude Gély, Paris: Robert Laffont, 1987, p. 1053.

2 Pour le double portrait des petits-enfants peint en 1879 par Charles Voillemot (1823-1893), cf. Jörg W. Rademacher, *Victor Hugo*, München: dtv, 2002, p. 159.

3 Pour une photo d'Oscar Wilde prise avant sa visite à Paris en 1883, cf. Merlin Holland, *Das Oscar-Wilde-Album*, tr. Ulrike Wasel et Klaus Timmermann, Munich: Blessing, 1998, p. 93.

4 Sem, « Un artiste inconnu », *L'Illustration*, numéro de Noël (3850), 16 décembre 1916. *Aquarelles et Dessins de Georges Victor-Hugo (1868-1925). Exposition du 8 au 25 avril 2008*, Paris: Galerie Normand, 2008, p.1 (GN). Les prénoms et les dates sont l'ajout de l'auteur. Georges Victor-Hugo, *Victor Hugo & Guernsey.* Treize aquarelles. Thirteen watercolours, éd. G. Stephen Cox, Guernsey : Toucan Press, 2013.

5 Les chiffres varient: Cf. Victor Hugo. *Visionen eines Schriftstellers*, éd. Ernst-Gerhard Güse, Stuttgart: Hatje Cantz, 2008, p. 14 ; *Tintenauge und Schattenmund. Victor Hugos Zeichnungen*, éd. Françoise Chomard, Dietrich Hardt, Stuttgart: Hatje Cantz, 2008, p. 7.

6 Jacques de Lacretelle, *Les Vivants et leur ombre*, Paris: Grasset, 1977, p. 29 *(Les Vivants)*.

7 En 1904, Heinrich Vogeler avait illustré une édition des contes et des contes de fées d'Oscar Wilde, traduite par Franz Blei (1871-1942) et Felix Paul Greve (1879-1948). Pour la page de titre du conte de fée «Le pêcheur et son âme», cf. *Heinrich Vogeler. Künstler, Träumer, Visionär*, éd. Sabine Schlenker, Beate C. Arnold, Munich: Hirmer, 2012, p. 53. Cf. aussi Hanns Heinz Ewers, *Lustmord einer Schildkröte und weitere Erzählungen*, éd. Marcus Andreas Born et Sven Brömsel, Berlin: Die Andere Bibliothek, 2014, frontispice de l'auteur qui raconte une rencontre avec C.3.3, le «nom en prison» d'Oscar Wilde, pp. 181-192. Pour une reconstruction fictive de l'amitié entre Vogeler et Rilke, cf. Klaus Modick, *Konzert ohne Dichter* («Concert sans poete »), Cologne: Kiepenheuer und Witsch, ^{3}2015.

8 C'est depuis le centenaire de Victor Hugo que son ancienne maison de la Place des Vosges sert de Maison de Victor Hugo. Pour une photo, cf. Rademacher, *Victor Hugo*, p. 98.

9 Jean Hugo (JH), *Regard de la mémoire*, Arles: Actes Sud, 1989 [1983], p. 13. Cf. Max Liebermann, «Trommelnder Soldat» (Soldat battant le tambour), lithographie pour *Kriegszeit*, No. 38, 5 mai 1915, in: Bernd Küster, *Der Erste Weltkrieg und die Kunst*, Gifkendorf: Merlin, 2004, p. 35.

10 Paris: G. Charpentier et E. Fasquelle, 1896. Troisième Mille.

11 Cf. «Voiliers sur la mer» et «Maisons en bord de mer», GN, pp. 23/24.

12 «Souvenirs d'un matelot», *La Nouvelle Revue*, 1er septembre 1895, p. 55; édition en volume, p. 257. Le lecteur de la poésie française du 19è siècle se rappelle le terme « l'ennui », un leitmotif de Charles Baudelaire (1821-1867) dans son poème «Spleen», in: *Les Fleurs du Mal / Die Blumen des Bösen*, tr. Monika Fahrenbach-Wachendorff, Stuttgart: Reclam, 2011 (1980), pp. 216/217.

13 Paris: Librio, 1999 (1995 ; 1829).

14 «Le cimetière marin» [1920], in: *Anthologie de la poésie française*, choisie par André Gide, Paris: Gallimard, 2003 (1949), p. 744. Cf. aussi le dessin à l'encre par Oliver Soskice (*1947) à qui je suis redevable pour m'avoir incité à lire Valéry.

15 Pierre Hugo (PH), *Les Hugo: témoignage*, Monaco: Les Éditions du Rocher, 2007, p. 88.

16 Ce que Georges Victor-Hugo fait pour la France, le romaniste allemand Victor Klemperer (1881-1960) le fait pour l'Allemagne en travaillant pour la censure – après avoir été au front ouest, dans son cas. Ce n'est qu'en hiver 1916/1917 que Klemperer découvre les romans de Victor Hugo à partir des *Misérables* qu'il lit à haute voix à sa femme. *Curriculum Vitae*, Berlin: Aufbau, 1996 (1989), vol. 2, pp. 512/513.

17 Georges Victor-Hugo aurait bien pu lire des vers de *Pro Patria*, Paris: Librairie de la Grave, 1916 (1915), qu'il avait édité avec Gustave Simon en choisissant les « plus belles poésies que Victor Hugo ait écrites sur la Patrie, pour la Patrie, Pro Patria» (p. V).

18 Sem, «Un artiste inconnu».

19 Pour un conte de fée controversé de la part d'Heinrich Vogeler, un poème commémoratif de Laurence Binyon et l'extrait d'un roman de Maurizio Ascari, cf. *«Choses vues»: Images littéraires*

de la Première Guerre mondiale: Une anthologie d'écrivains-peintres, éd. Jörg W. Rademacher, à paraître chez Elsinor, Coesfeld.

20 Cf. Victor Hugo, *Les Contemplations, Préface, Commentaires et Notes de Jean Gaudon*, Paris: Livre de poche, 1985; Victor Hugo, *Die Arbeiter des Meeres* (Les Travailleurs de la mer), tr. du français Lisa Haustein, postface Herbert Kühn, Leipzig: Gustav Kiepenheuer, 1987 (1952); *L'Art d'Être Grand-père*, in: *Œuvres complètes. Poésie III*, Présentation de Jean Dela Broy, Paris: Robert Laffont, 2002 (1985), pp. 713-865.

21 En ce qui concerne l'affirmation selon laquelle ce ne sont pas seulement les grand-pères des familles bien connues mais encore ceux de tout un chacun qui ont gardé leurs secrets de la Grande Guerre, cf. le roman de Jean Rouaud, *Les Champs d'honneur*, Paris: Éditions de Minuit, Paris, 1990, p. 9. C'est en suivant l'inspiration de cette page que l'on a pu composer une vitrine de l'exposition avec des photos, des objets et des lettres qui restent les seuls souvenirs ou bien d'un ancêtre tombé sur les champs d'honneur ou bien d'un rescapé qui n'a jamais su ni osé en parler, ainsi chargeant inconsciemment ses descendants de résoudre les énigmes entourant tout un siècle d'histoires de familles complexes et difficiles.

22 *Soldat Suhren*, Coesfeld: Elsinor, 2016, p. 73. Dans son essai «Gedanken im Kriege» (Pensées pendant la guerre), «écrit en septembre 1914» et publié en revue en novembre 1914, Thomas Mann (1875-1955) rapproche l'art tout court et l'art de la guerre (*Friedrich und die große Koalition*, Berlin: S. Fischer, 1916, pp. 7-31; pp. 10/11; p. 31); réédité in: *Schriften zur Politik*, Frankfurt am Main: Suhrkamp, 1978 (1970), p. 7-23; pp. 8/9 et p. 207 pour les dates des publications antérieures.

23 *Bilder von der Front in der Champagne*, Sächsischer Kunstverein, Brühlsche Terrasse, 1916. Cf. Georg Wolf (1882-1962), «Laufgraben vor zerschossenen Häusern in Charonne» (Boyau devant des maisons ravagées), aquarelle, 1916, où toute l'horreur de la guerre est palpable. Le tableau se trouve in: Bernd Küster, *Der Erste Weltkrieg und die Kunst. Von der Propaganda zum Widerstand*, Gifkendorf: Merlin, 2008, p. 64.

24 Bernd Küster, *Heinrich Vogeler im Ersten Weltkrieg*, Brême: Donat, 2004, p. 41; pp. 43/44.

25 Cité d'après Laëtitia Desserrières «‹Quelques feuillets arrachés au carnet de guerre d'un artiste inconnu›: Georges Victor-Hugo», n. 1, accès: 12 décembre 2014.

26 *l'ABCdaire de la Première Guerre mondiale*, Paris: Flammarion, 2008 [2003; 2001], p. 48.

27 Cf. la lettre du soldat allemand «Gotthold von Rohden, étudiant en théologie à Marburg, né le 4 février 1895 à Bielefeld et tombé au champ d'honneur le 26 septembre en Champagne», in: *Kriegsbriefe gefallener Studenten*, éd. Philipp Witkop, München: Albert Langen & Georg Müller, 1933, p. 117.

28 Cf. Georg Wolf, «Soldat auf Wache an der Aisne» (Sentinelle au bord de la Aisne), huile sur carton, 1916. Pour l'image, cf. *Der Erste Weltkrieg und die Kunst*, p. 65.

29 Le poète allemand Ernst Toller (1893-1939) écrit un poème anti-guerre: «Leichen im Priesterwald» (Les corps dans la forêt des prêtres), in: *Gedichte gegen den Krieg*, éd. Kurt Fassman, Frankfurt: Zweitausendeins, 1961, p. 110. Il reprend cette formule «La forêt des prêtres» dans sa description du front en prose faisant partie de son autobiographie *Eine Jugend in Deutschland* (Une jeunesse en Allemagne), éd. et commentée par Wolfgang Frühwald, Stuttgart: Reclam, 2011, pp. 64/65. Pour un poème de l'écrivain qui était plus tard également soldat anglais cf. Ford Madox Ford (1873-1939), in: *«Choses vues»: Images littéraires de la Première Guerre mondiale: Une anthologie d'écrivains-peintres*, éd. Jörg W. Rademacher, à paraître chez Elsinor, Coesfeld. Rétrospectivement, l'artiste Käthe Kollwitz (1867-1945) avait fait des bois intitulés «Opfer» (Victimes) et «Kriegsfreiwillige» (Volontaires de guerre), in: Louise Diel, *Ein Ruf ertönt. Eine Einführung in das Lebenswerk der Künstlerin*, Berlin: Im Furche-Kunstverlag, 1927, pp. 10/11. Renefer en revanche fit voir des hommes toujours insoucieux marchant à la caserne avec leurs sacs pendant des pioches, in: René Benjamin, *Gaspard. 21 Bois Originaux de Renefer*, Paris: Fayard, 1915, p. 7.

30 Cf. une vidéo «Le Parcours d'artistes: Georges Victor-Hugo» d'une durée de 03.03 minutes sur YouTube, publiée le 23 octobre 2014: «dans le cadre de l'exposition ‹Vu du front. Représenter la Grande Guerre› du musée de l'Armée, découvrez le parcours d'artiste de Georges Victor-Hugo au cours du conflit.»

31 Ce même jour, en attaquant les Allemands, l'écrivain Blaise Cendrars (1887-1961) perd son bras droit, retournant en boitant. Pour une photo de Cendrars et une des rares lettres dans laquelle il est question de sa blessure, cf. *Moravagine. Monsterroman*, tr. révisée selon la tr. de L. Radermacher, par Stefan Zweifel, Berlin: Die Andere Bibliothek, 2013, pp. 286/287; p. 381.

32 Cf. la «Femme attablée à un Café», in: GN, p. 13.

33 Cf. le langage imagé et toujours plus qu'enthousiasmé par l'expérience de la guerre qu'emploie Rudolf Requadt dans son rapport *Aus den Kämpfen um Lüttich von einem Sanitätssoldaten* (Des combats autour de Liège, rapport d'un soldat de la Croix rouge), Berlin: S. Fischer, 1915, pp. 26/27. Cf. également le roman d'Alexander Moritz Frey (1881-1957), *Die Pflasterkästen. Ein Feldsanitätsroman* (Les boîtes de sparadrap. Un roman de brancardiers militaires), Coesfeld: Elsinor, 2011; 1929), pp. 106/107.

34 Edgar Allan Poe, *A Descent into the Maelström. Une descente dans le Maelström. Eine Fahrt hinab zum Mahlstrom, Woodcuts by Jochen Stücke, Gravures en bois exécutées par Jochen Stücke, Holzschnitte von Jochen Stücke*, tr. en allemand et commenté par Jörg W. Rademacher, Trêves: WVT, 2009, p. 7.

35 Préface de Louis Chevalier. Édition établie et annotée par S. de Sacy, Paris: Gallimard, 1982 (1966), pp. 165-192.

36 Cf. pour une brève histoire du terme «grotesque» où Victor Hugo jouait un rôle prééminent, l'article d'Elisheva Rosen (tr. du français par Jörg W. Rademacher / Maria Kopp) in: *Ästhetische Grundbegriffe*, éd. Karlheinz Barck et al., Stuttgart: Metzler, 2001, pp. 892-895.

37 *La Grande Guerre vue par les artistes et les écrivains (1914-1918)*, Paris: Librio, 2006, p. 43.

38 Cf. la lettre écrite en allemand par Gotthold von Rohden, in: *Kriegsbriefe gefallener Studenten*, pp. 117-119; et l'histoire écrite en anglais de Bruce Bairnsfather, «Christmas in the trenches», in: *Fifty Amazing Stories of the Great War*, London: Odhams Press, 1936, pp. 435-439; pp. 438/439.

39 Pour une juxtaposition d'un soldat d'infanterie allemande et de son homologue français, cf. *Der Erste Weltkrieg in 100 Objekten* (La Première Guerre mondiale en 100 objets), éd. Stiftung Deutsches Historisches Museum et WBG, Darmstadt, 2014, pp. 66/67.

40 Cf. *Victor Hugo. Visionen eines Schriftstellers*, «Catalogue no. 64 & 39».

41 Cf. «Souvenirs d'un matelot», *La Nouvelle Revue*, 1er septembre 1895, p. 55; édition en volume, p. 257.

42 Cf. Jean Rouaud, *Les Champs d'honneur*, p. 44.

43 Très probablement, c'est toujours elle avec sa chevelure rousse qu'il a peinte comme «Femme à l'ombrelle, endormie» (GN, p. 14). Cf. pourtant «Soldat auf der Lauer», huile sur carton, 1916, par Fritz Steisslinger (1891-1957), le soldat se mettant aux aguets qu'on voit de profil et qui fume en plus, alors que le poilu est vu de dos. Gerhard Schneider, «Maler im Unterstand: Fritz Steisslinger» (Le peintre à l'abri), in: *Der Erste Weltkrieg im Spiegel expressiver Kunst, Kämpfe, Passionen, Totentanz*, éd. Gerhard Schneider et al., Bönen/Westfalen: DruckVerlag Kettler, 2014, pp. 228-255 ; p. 234 pour l'image.

44 Café-concert à Paris, établi en 1867, dirigé sous ce nom par Félix Mayol (1872-1941) entre 1895 et 1914. CENTRE NATIONAL DU PATRIMOINE DE LA CHANSON SOUTENU PAR LE MINISTÈRE DE LA CULTURE ET LA SACEM, accès: 26 janvier 2015. (http://www.lehall.com/consultez-l-histoire/lieux/concert-mayol)

45 Pour un poème parodique en anglais sur la Première Guerre mondiale, cf. James Joyce, «A Goldschmidt swam in a Kriegsverein», in: *Poems and Shorter Writings*, éd. Richard Ellmann et al., Londres: Faber and Faber, 1991, p. 119.

46 «Une beauté terrible est née», in: «Easter 1916», in: *Yeats's Poems*, éd. A. Norman Jeffers, Dublin: Gill and Macmillan, 1992 (1989), pp. 287-289; p. 287.

47 «Le circuit touristique «Sur les pas des armées de Champagne» regroupe les monuments de Navarin, du Blanc Mont, de la Chapelle Russe, les musées de Souain, de Sommepy, de Jonchery, du Camp de Suippes et le site de la Main de Massiges.» Accès: 26 janvier 2015. (http://champagne1418.pagesperso-orange.fr/circuit/circuit.htm)

48 Cf. Guillaume Apollinaire, « Exercice », in: *Anthologie de la poésie française*, choisie par

André Gide, Paris: Bibliothèque de la Pléiade, 2003 (1949), p. 809. Cf. également le dessin par Giorgio de Chirico (1888-1978), «chant de l'horizon en champagne», p. 179, in: *Calligrammes par Guillaume Apollinaire*, Paris: Librairie Gallimard, 1930. Le poème se trouve aussi in: *«Choses vues»: Images littéraires de la Première Guerre mondiale: Une anthologie d'écrivains-peintres*, éd. Jörg W. Rademacher, à paraître chez Elsinor, Coesfeld.

49 Cf. *Moravagine*, pp. 286/287 pour la photo de Cendrars sans son bras droit et également p. 338 pour un curriculum vitae fictif du protagoniste, né le 16 août 1866 aux environs de Budapest, c'est-à-dire jour pour jour deux ans avant la naissance de Georges Victor-Hugo à Bruxelles. Pour un extrait d'un journal de l'écrivain allemand Hermann Löns (1866-1914) et des poèmes de ses collègues August Stramm (1874-1915) et Georg von der Vring cf. *«Choses vues»: Images littéraires de la Première Guerre mondiale: Une anthologie d'écrivains-peintres*, éd. Jörg W. Rademacher, à paraître chez Elsinor, Coesfeld.

50 Cf. Alexander Lernet-Holenia (1897-1976), *Der Baron Bagge. Novelle*, Berlin: Fischer, 1936. L'artiste écrit: « On pourrait associer mon aquarelle ‹Stellung› à un passage du texte, par exemple à la page 22/23 de mon édition où l'on trouve la phrase suivante: «Or maintenant nous étions arrivés aux lignes de notre infanterie se trouvant dans des tranchées peu profondes qui avaient l'air de se prolonger à l'infini de l'Est à l'Ouest ...». En fait, je cherche moins à illustrer le texte avec mes images que d'y capter l'atmosphère du conte, l'ambiance, l'aspect fantastique et irréel du ‹règne intermédiaire›» (Herbert Müller à l'auteur: 19 janvier 2015).

AUSWAHLBIBLIOGRAPHIE / CHOIX BIBLIOGRAPHIQUE

Aquarelles et Dessins de Georges Victor-Hugo (1868-1925). Exposition du 8 au 25 avril 2008, Paris : Galerie Normand, 2008.

« Choses vues » : Images littéraires de la Première Guerre mondiale : Une anthologie d'écrivains-peintres, éd. Jörg W. Rademacher, à paraître chez Elsinor, Coesfeld.

Alain Decaux, *Victor Hugo*, Paris : Perrin, 1984.

Der Erste Weltkrieg in 100 Objekten, éd. Stiftung Deutsches Historisches Museum et WBG, Darmstadt : Wissenschaftliche Buchgesellschaft, 2014.

Laëtitia Desserrières *« ‹ Quelques feuillets arrachés au carnet de guerre d'un artiste inconnu › : Georges Victor-Hugo »*, accès : 12 décembre 2014 (http://collections.musee-armee.fr/quelques-feuillets-arraches-au-carnet-de-guerre-dun-artiste-inconnu-les-croquis-de-georges-victor-hugo/).

Max Gallo, *Victor Hugo. Je serai celui-là !*, Paris : XO Éditions, 2001.

Georges Hugo, «Souvenirs d'un matelot», *La Nouvelle Revue*, 1895.

Georges Hugo, *Souvenirs d'un matelot*, Paris : G. Charpentier et E. Fasquelle, 1896.

Georges Victor-Hugo, *Mon Grand-père*, Paris : Calmann-Lévy, 1902.

Georges Victor-Hugo, *Sur le Front de Champagne – Ferme de Navarin – 1915-1916*, Paris : Devambez, Éditeur, 1917.

Jean Hugo, *Regard de la mémoire*, Arles : Actes Sud, 1989 [1983].

Pierre Hugo, *Les Hugo : témoignage*, Monaco : Les Éditions du Rocher, 2007.

Victor Hugo, *Choses vues [CV] 1849-1885*, Édition d'Hubert Juin, Paris : Gallimard, 1997 (1972).

Victor Hugo, « L'Art d'Être Grand-père », in : *Œuvres complètes. Poésie III, Présentation de Jean Dela Broy*, Paris : Robert Laffont, 2002 (1985), pp. 713-865.

Victor Hugo, *Œuvres Complètes. Voyages, Présentation de Claude Gély*, Paris : Robert Laffont, 1987.

Victor Hugo. *Visionen eines Schriftstellers*, éd. Ernst-Gerhard Güse, Stuttgart : Hatje Cantz, 2008.

l'ABCdaire de la Première Guerre mondiale, Paris : Flammarion, 2008 [2003 ; 2001].

La Grande Guerre vue par les artistes et les écrivains (1914-1918), Paris : Librio, 2006.

Georg Lührig, *Bilder von der Front in der Champagne*, Sächsischer Kunstverein, Brühlsche Terrasse, 1916.

Jörg W. Rademacher, *Victor Hugo*, München : dtv, 2002.

Graham Robb, *Victor Hugo*, London : Picador, 1998 (1997).

Sem, « Un artiste inconnu », *L'Illustration*, numéro de Noël (3850), 16 décembre 1916.

Tintenauge und Schattenmund. Victor Hugos Zeichnungen, éd. Françoise Chomard, Dietrich Hardt, Stuttgart : Hatje Cantz, 2008.